Wie schützt sich der Hypothekengläubiger nach dem neuen Aufwertungsgesetz?

Wirtschaftsrechtliche und rechtspolitische Studie.

Von

Rechtsanwalt Brumby

(Stadtrat) in Berlin

1925

J. Schweitzer Verlag (A. Sellier)
München, Berlin und Leipzig.

Wie schützt sich der Hypothekengläubiger nach dem neuen Aufwertungsgesetz?

Wirtschaftsrechtliche Studie

von

Rechtsanwalt Brumby (Stadtrat)

in Berlin

J. Schweitzer Verlag (A. Sellier) München / Berlin / Leipzig

Widmung

Herrn Herrschaftsbesitzer Eduard Gutscher
auf Schloß Thürn in Kärnten
ergebenst zugeeignet

Vorwort.

Die Schrift ist nicht dazu bestimmt, die zahlreichen und zum Teil bei aller Kürze der Zeit erstaunlich reichhaltigen Kommentare zum Aufwertungsgesetz zu vermehren, vielmehr handelt es sich um eine wirtschaftsrechtliche Darstellung der Hauptfragen der Hypothekenaufwertung, die dadurch eine besondere Beleuchtung bekommen haben dürfte, daß auf die Zusammenhänge mit der Mietzinsbildung und der Wohnungswirtschaft eingegangen ist, die dem Verfasser als langjährigem Spezialisten auf diesem Rechtsgebiete besonders nahe lagen und ohne die eine Erkenntnis der wahren Tendenz des Gesetzgebers noch eine Kritik des Gesetzes noch auch eine Beurteilung der weiteren Entwicklung des Aufwertungsproblems möglich erscheint.

So will die Schrift nicht statt eines der beachtenswerten Kommentare, sondern neben ihnen gelesen werden und allen denen nützlich sein, die sich nicht nur für eine Einzelfrage nach dem Gesetz interessieren, denen vielmehr an der Aufhellung des Aufwertungsproblems als solchen gelegen ist.

Berlin C. 2., im Oktober 1925.
Königstr. 52

Inhaltsverzeichnis

	Seite
Vorwort	3
A. Die wirtschaftlichen Zusammenhänge der Abwertung	5
B. Abwertungspunkte	19
C. Rechtsbehelfe des Hypothekars nach dem Aufwertungsgesetz	30
D. Rechtsbehelfe des Inflationsveräußerers	40
E. Ausblick in die Zukunft	43

Gesetzestexte:

Text des Aufwertungsgesetzes	46
VO. über die Einrichtung und das Verfahren der Aufwertungsstellen	59
Preuß. VO. über das Kostenwesen bei den Aufwertungsstellen	61
Preuß. VO. zur Änderung des Gesetzes über das Beschwerdegericht für Entscheidungen der Aufwertungsstellen	62
VO. zur Änderung des Preuß. Gerichtskostengesetzes	63
VO. des Reichsjustizministers über die Eintragung der Aufwertungsbeträge von Hypotheken und anderen dinglichen Rechten	63
Tabellen	64

A. Die wirtschaftlichen Zusammenhänge der Abwertung.

Das Aufwertungsgesetz vom 16. Juli 1925 (RGBl. I S. 117) hat den die Aufwertung betreffenden Teil (Art. I) der dritten Steuernotverordnung vom 14. Februar 1924 (RGBl. I S. 74) mit Wirkung vom 15. Juli d. J. (§ 88) abgelöst.

Es ist, wie man alsbald erkennt, ein Gesetz der List und Überlistung. Mit der strengen Miene des altspartanischen Staatsbewußtseins werden Opfer gefordert, Opfer für die Allgemeinheit. „Alle", so etwa mag sich das Gesetz rechtfertigen wollen, „haben auf dem Altar des Staates geopfert — die Papiergeld besaßen, besitzen nur noch Papier, die um Lohn Arbeitenden wurden um die versprochene Zahlkraft betrogen —, also müßt auch ihr opfern, ihr vorsichtigsten Mündelgeldsparer, ihr ängstlichen Vertrauer auf unbewegliches, unentwertbares Volksvermögen. Gewaltige Opfer heischt der Staat. Ihn zu erhalten, sei euch Trost; ihr blutet um das Gefüge, um das allein es sich zu leben lohnt."

Um festzustellen, wieweit dies sittliche Pathos berechtigt ist und welche Staatsnotwendigkeiten diese Expropriierung ungezählter kleiner und mittlerer Existenzen rechtfertigen, ist erforderlich, auf die Entwicklung der Aufwertungs-Gesetzgebung zurückzugehen.

Dabei wird im folgenden die rabulistisch falsche Etikettierung des Gesetzes fallen gelassen und statt von „Aufwertung" — ein Begriff, den man nur in bezug auf die Rückaufwertung, nämlich auf das Wiederaufleben erloschener Ansprüche (§§ 14, 15) gebrauchen sollte — von „Abwertung" gesprochen.

Die Abwertung hat sich aus der Aufwertung heraus, und zwar aus der Aufwertung im wirklichen Sinne des Wortes, nämlich aus der Erhöhung gesunkener Kaufkraft heraus, entwickelt. Die Aufwertung wiederum ist durch die Geldentwertung ausgelöst worden, also eine Folgeerscheinung der Inflation.

Es wird richtig sein, den grundlegenden Begriff der „Hypothek“ schon an dieser Stelle kurz zu erläutern:

Die Hypothek gehört zu den im Grundbuch eingetragenen (Abteilung III: Hypotheken, Grund- und Rentenschulden) Rechten am Grundstück.*) Sie ist als Recht am Grundstück ein sog. dingliches Recht im Gegensatz zu den persönlichen Rechten. Sie besteht in dem durch Zahlung abzuwendenden Duldungsanspruch gegen den Grundstückseigentümer in bezug auf Befriedigung aus dem belasteten Grundstück (Versteigerungserlös) wegen einer bestimmten persönlichen Schuld, und zwar hat dieser Anspruch eine bestimmte Rangstelle, die sich nach der Begründungszeit richtet.

Der Hypothekar beherrscht somit das Grundstück wie der Pfandgläubiger die Pfandsache, und er sperrt insoweit das Recht des Eigentümers, der nur eine gesetzliche Anwartschaft hat, die bei Befriedigung des Gläubigers freiwerdende Rangstelle seinerseits einzunehmen. Jeder Dritte, der in Rechtsbeziehungen zum Grundstück tritt, muß das Recht des Gläubigers gegen sich gelten lassen, und dieser kann störende Einwirkungen auf das Pfandgrundstück abwehren, mögen diese von einem Fremden oder vom Eigentümer selbst ausgeübt werden.

Dagegen richtet sich die durch die Hypothek, also grundpfandrechtlich oder „dinglich“ gesicherte „persönliche“ Forderung nur gegen die Person des Schuldners, der mit dem Grundeigentümer nicht identisch zu sein braucht.

Eine Verschuldungsgrenze für Grundstücke gibt es nicht**); der Verkehr zieht eine solche nach Maßgabe der Sicherheit, die das Grundstück seinem Werte gemäß bietet. Als mündelsicher, d. h. als „innerhalb der für die Anlegung von Mündelgeld geltenden Sicherheitsgrenze“ (§ 7 Ausw.G.) rechneten zwei Drittel des Grundstückswerts. Anschließend an diese die Sicherheitsgrenze vielfach ausfüllenden ersten Hypotheken waren zweite Hypotheken bis zu 20% des Grundstückswertes eingetragen, während der Rest, das eigentliche wirtschaftliche Eigentum des Grundstücksbesitzers, sein sog. Eigenguthaben darstellte. Bei Mietgrundstücken waren durchschnittlich 65% der Miete für den Kapitaldienst bestimmt, und nur die übrigen 35% dienten der sonstigen Bewirtschaftung des Hauses, nämlich für Verwaltungs-, Betriebs- und Reparaturkosten.

---

*) Die Briefhypothek wird erst durch Übergabe des Briefes an den Grundeigentümer erworben (§ 1177 BGB.), während die Buchhypothek wie sonstige Grundstücksrechte (§ 873 zt.) durch Einigung und Eintragung entsteht.

**) Vorgesehen allerdings durch Einf.Ges. z. BGB Art. 117 (vgl. auch Preuß. Ges. v. 20. 8. 1906, G.S. S. 389).

Die Inflation und die Festhaltung an der Papiermark trotz ständigen Sinkens ihrer Kaufkraft bewirkten einmal, daß fällige Hypotheken mit immer mehr entwertetem Gelde zurückgezahlt wurden, und ferner, daß die Zahlung der Hypothekenzinsen immer mehr an Bedeutung verlor.

Das wurde durch das Reichsmietengesetz vom 24. März 1922 (RGBl. I S. 273), in Kraft seit dem 1. Juli 1922 (§ 24), begünstigt, welches die gesetzliche Mietzahlung auf einer unveränderlichen sog. Grundmiete aufbaute, die sich durch Abzug von meist 20% von der Friedensmiete ergab. So wurden denn trotz zunehmender Inflation immer die gleichen Beträge von 80% der Friedensmiete zur angeblichen Verzinsung des im Grundstück investierten Kapitals gezahlt. Und selbst, als die 3. Steuernotverordnung eine anderweitige Berechnung der Miete ermöglichte (§ 27 daselbst) und die Länderregierungen die gesetzliche Miete, von der Grundmiete abgehend, nach Prozenten der Friedensmiete berechneten, erschöpften sich diese prozentualen Zuschläge zunächst in der Abgeltung der Verwaltungs-, Betriebs- und Reparaturkosten (§ 6 Preuß. VO. v. 17. 4. 1924, Ges. S. 474, Ziff. 1 Bayr. VO. v. 28. 3. 1924, Ges.- u. VOBl. S. 139). In Preußen waren es 35% der Friedensmiete, die ab 1. April 1924 als gesetzliche Miete berechnet wurden, ab 1. Juli 1924 waren es 42%. Erst mit Beginn des Jahres 1925 tritt wieder ein Teil der Miete als Kapitaldienst in Erscheinung, und zwar wurden in Preußen die genannten 42% ab 1. April 1925 mit Rücksicht darauf auf 48% erhöht, daß die Verzinsung der auf 15% abgewerteten Hypotheken mit 2% nach § 5 Abs. 2 3. St.N.VO. ab 1. Januar 1925 vorgeschrieben war. Infolge der verminderten Abwertung nach dem neuen Aufw.G. (§ 4) und mit Rücksicht auf den durch das Aufw.G. abgeänderten Zinsfuß (1,2% für die erste Hälfte, 2,5% für die zweite Hälfte 1925, 1,85% also im Jahresdurchschnitt: § 28) ist der preußische Raummietsatz von 48% mit Wirkung vom 1. August 1925 auf 54% erhöht worden.

Die Gläubiger wurden sich der Wirkung der Geldentwertung auf ihre Hypotheken, soweit diese fällig wurden, und der immer stärkeren Verzerrung des auf Gleichartigkeit von Leistung und Rückleistung abgestellten Schuldverhältnisses erst allmählich bewußt. Obwohl schon Ende 1921 die Papiermark an Kaufkraft nur noch den vierzigsten Teil der Goldmark ausmachte, waren es nur besonders schlaue oder querköpfige Gläubiger, die es für nötig hielten, bei Rückzahlung der Hypothekenvaluta einen Vorbehalt zu machen und die Löschungsbewilligung zu verweigern; die übrigen hatten entweder das Unrecht der „Mark-ist-Mark"-Gleichung noch nicht begriffen, oder aber sie vertrauten ihren Ratgebern, daß ein Rechtsverlust durch Annahme der Schuldnerleistung nicht entstehen könnte, daß vielmehr, wenn gesetzliche Hilfe zu erwarten wäre, das schon Zurückgezahlte nur als entsprechende Teilleistung angesehen werden würde. Die Grundmiete verlor die Natur als Rente in dem Maße, wie sich die Inflation entwickelte. Als im Mai 1923 die Goldmark = 10000 Papiermark war, betrug also die Kapitalrente bei einer Friedensmiete von 10000 Mark 80% von 1 GM. = 80 G.Pfg., und als im August 1923 die Goldmark auf 1 Million Papiermark aufgeschwollen war, da waren die 8000 PM. Rente nur noch 8/10 G.Pfg.

So wurde die Unveränderlichkeit der Grundmiete zu einer vollständigen Konfiszierung der Grundrente.

Und es kam kein Gesetz zur Abänderung des Reichsmietengesetzes, insbesondere seines § 3 Ziff. 1, wonach Mietzuschläge nur für die Steigerung der Kapitalzinsen vorgesehen waren, nicht aber auch für die Steigerung (Aufwertung) der Kapitalien. Die starken Bedenken gegen eine solche, das Prinzip der Gerechtigkeit erheblich vernachlässigende Regelung habe ich in meinem Kommentar zum RMG. „Reichsmieten und Wohnungsabgabe", 2. A., auf S. 183 dahin ausgedrückt, daß ich auf den Widerspruch zwischen der Berechnung der Grundsteuer nach dem höheren gemeinen Wert und der Nichtaufwertung des investierten Kapitals hinwies. Man kann nicht, so sagte ich, willkürlich von einem aufgewerteten Grundstückspreis für steuerliche Zwecke reden und daneben von einem unveränderlichen Gemeinwert zu dem Zweck der Verrentung. Die Hinauszögerung der Verrentung habe volkswirtschaftlich nur die Bedeutung des Anreizes zum Verkauf auf Personenkreise, die die zukünftige Verrentung abwarten können, um den Ausfall an Rente nachher einzuholen; damit würden aber im übrigen dem Neubaumarkt Kredite in Höhe der kapitalisierten Renten entzogen.

Es wurden also keine Hypothekenzinsen gezahlt, und nur auf dem Papier unserer Rechtsbibel blieb stehen, daß der Schuldner seine

Leistung so zu bewirken hat, wie Treu und Glauben mit Rücksicht auf die Verkehrssitte es erfordern (§ 242 BGB.). Von „Treu und Glauben" war keine Spur mehr zu finden.

Bis die Rechtsprechung, bestimmt, das Volksbewußtsein aufzufangen und zu leiten, den verzerrenden Einfluß der Geldentwertung feststellte und Wege der Abhilfe wies.

Bekannt sind insbesondere folgende Urteile des Reichsgerichts geworden:

Schon am 21. September 1920 (RG. E. Bd. 100 S. 130) hatte das RG. auf die Verpflichtung des Beziehers von Wasserdampf zur Nachzahlung erkannt und festgestellt, daß eine Lieferungspflicht für die Zukunft nur zu angemessenem Preise bestehe. Erfüllung könne nicht mehr geschuldet und gefordert werden, wenn infolge der völligen Veränderung der Zustände die Vertragsleistung wirtschaftlich zu einer ganz anderen geworden sei, als wie sie ursprünglich von beiden Parteien gedacht und gewollt war. § 325 BGB. (Unmöglichkeit einer von mehreren Austauschleistungen bei gegenseitigen Verträgen) betreffe nicht nur die tatsächliche, sondern auch die wirtschaftliche Unmöglichkeit. Der Richter könne angesichts der ungeahnten Umwälzung aller wirtschaftlichen Verhältnisse nicht umhin, in bestehende Vertragsverhältnisse einzugreifen, wenn anders nicht ein Treu und Glauben und jedem Gebote von Gerechtigkeit und Billigkeit Hohn sprechender, einfach nicht zu ertragender Zustand geschaffen werden solle.

Grundlegend für die weitere Entwicklung der Aufwertungsfrage, d. i. der Frage nach dem Ausgleich der Geldentwertung in bezug auf Schuldverbindlichkeiten, ist das Urteil des Reichsgerichts vom 28. November 1923 (Bd. 107 S. 78 ff.) geworden, das Ausgang, Grundlage und Maß der Aufwertung nach § 242 BGB. bewertet, wonach der Schuldner seine Leistung so zu bewirken hat, wie Treu und Glauben mit Rücksicht auf die Verkehrssitte es erfordern. Gerade bei Hypothekenforderungen habe der Schuldner regelmäßig in dem erheblich gestiegenen Werte des Grundstücks einen entsprechenden Ausgleich erhalten. Wie bei gegenseitigen Verträgen sei auch beim Darlehen seinem Wesen nach eine Gleichwertigkeit zwischen Leistung und Gegenleistung vorausgesetzt, und auch bei ihm solle dem Gläubiger die Substanz erhalten bleiben. Auch stelle gerade § 607 BGB. auf Rückgewähr des Darlehens „in gleicher Güte" ab. Nun trage zwar der Gläubiger die Gefahr einer Geldentwertung bei Gewährung von Kredit insofern, als der Schuldner mit den einem Zwangskurs unterworfenen gesetzlichen Zahlungsmitteln zahlen könne; aber das gelte nicht für nicht vorausgesehene Entwertungskatastrophen. Die Höhe der Aufwertung nach § 242 BGB. werde hauptsächlich durch den gesteigerten Wert des Grundstücks bestimmt, aber auch die wirtschaftliche Leistungsfähigkeit des Schuldners und die Verminderung des Ertrages des Grundstücks seien zu berücksichtigen. Habe sich also die Darlehnsforderung ziffernmäßig erweitert, so könne dem Gläubiger nicht zugemutet werden, die dingliche Haftung bei Zahlung des bloßen Nennbetrages preiszugeben. Die Verpflichtung des Schuldners zur hypothekarischen Sicherung erstrecke sich auf die erweiterte persönliche Schuld, und der Gläubiger könne Löschungsbewilligung und Hypothekenbrief verweigern, indem er das Zurückbehaltungsrecht nach § 273 BGB. ausübe.

Die vereinigten Zivilsenate des Reichsgerichts haben in ihrer Entscheidung vom 31. März 1925 (allerdings nur in bezug auf beiderseits nicht erfüllte Kaufgeschäfte des Großhandels) die vorgenannte Rechtsbasis der Aufwertung von neuem gestützt, indem sie wiederum § 242 BGB. als Quelle bezeichnet haben, aus der die Aufwertung ihre innere gesetzliche Berechtigung schöpfe. Bei seiner Anwendung auf Aufwertungsfragen sei die Gesamtlage der auf beiden Seiten vorhandenen berechtigten Interessen zu berücksichtigen.

Die oberste Rechtsprechung hat also eindeutig mit dem Unrechtsatz „Mark gleich Mark" gebrochen und die Notwendigkeit der Aufwertung zum Zwecke der Ausgleichung, also zur Erhaltung der Identität juristischer Tatbestände und zur Vermeidung schlimmster Verzerrungen bestehender Verträge und damit auch des Rechts und des Rechtsbewußtseins anerkannt.

Das war ausgangs 1923, als die Inflation ihren Höhepunkt erreicht hatte. Damals war als Folge der bezeichneten Judikatur damit zu rechnen, daß der Grundkredit nach Maßgabe der Kräfte des Grundbesitzes wieder aufleben würde, was auch eine entsprechende Verzinsung der Hypotheken und eine entsprechende Anspannung der Mieten zur Folge gehabt hätte. Da das Reichsgericht in erster Linie auf die Steigerung der Grundstückswerte als Richtlinie für die Höhe der Aufwertung abstellte, also eine Abwertung nur insoweit für gerechtfertigt ansah, als die Grundstückswerte, an denen die Hypothekare für den Versteigerungsfall im Verhältnis ihres Rechts teilhaben, sich vermindert haben, so konnten sich die Hypothekare aufs engste mit der Grundstücks-Ertragspolitik verflochten sehen. Solange insbesondere das Miethaus-Grundstück keine Rente abwarf, war freilich von einem an die früheren Verhältnisse annähernden Grundstückswert, also auch von keiner einigermaßen ausreichenden Aufwertung zu reden. Indes konnte ja der Gesetzgeber an dem höchstgerichtlich sanktionierten Zwang zur Aufwertung der Hypothekenvaluta und damit der Hypothekenzinsen auch in bezug auf die Gestaltung der Mietenregelung nicht vorübergehen. Selbstverständlich mußte dem Grundeigner verstattet werden, die erforderlichen Beträge zur Aufwertung der Hypothekenzinsen aus den Mieten herauszuholen. Also bedeutete die Judikatur des Reichsgerichts einen deutlichen Appell an die Gesetzgebung, mit der Konfiszierung der Grundrente aufzuhören und die Miete wieder für das Kapital dienstbar zu machen.

Wäre diesem Appell gefolgt worden, so hätten Grundbesitz und Hypothekenkredit über die verflossenen Verlustjahre der Inflation hinwegkommen können, zumal sie diese Zeit der Entbehrungen mit fast allen Volkskreisen zu teilen hatten.

Indes wurde die Betonung des Rechts und des Volksbewußtseins vom Recht durch das höchste Gericht von der Gesetzgebung zwar gehört, aber zum Anlaß genommen, genau das Gegenteil dessen zu tun, was erwartet werden konnte und mußte.

Aus der kurzen Periode des erwachenden Aufwertungsbegriffs wurde die noch nicht beendigte Periode der Abwertung.

In gewissem Sinne war allerdings ein Bremsen in bezug auf die Aufwertung nicht gut entbehrlich. Dabei war insbesondere an die Aufwertung der persönlichen Schulden zu denken, soweit deren Träger nicht oder nicht mehr mit den Grundbesitzern zusammenfielen. Diese Gruppe von Personen konnte in besonderem Maße Mitleid erheischen; es waren die kleinen Rentner, die die Überspannung der Mietzinszwangswirtschaft zur Veräußerung ihres Grundbesitzes genötigt hatte und die nun insofern doppelt geschädigt waren, als sie ihr Hauptvermögensstück so gut wie verschenkt hatten und nun noch Gefahr liefen, aus der persönlichen Schuldverbindlichkeit von ihren früheren Hypothekaren in Anspruch genommen zu werden. Insoweit rechtfertigte sich in der Tat eine Abwertung.

Was indes der Gesetzgeber getan hat und was den Inhalt zunächst der 3. Steuernotverordnung ausmacht, ist eine Abwertung schlechthin, ganz grundsätzlich, ohne Rücksicht auf die Notwendigkeit im Einzelfall. Diese generelle Abwertung ist insbesondere unverständlich, soweit die persönlichen Forderungen in Frage stehen. In der Tat hatte denn auch die 3. St.N.VO. (im Gegensatz zu

§ 9 Aufw.G.) diese scharfe *Unterscheidung zwischen* die 3. St.N.VO. diese scharfe *Unterscheidung zwischen dinglicher und persönlicher Abwertung* gemacht und die Abwertung der durch Hypothek gesicherten persönlichen Forderungen in § 3 den allgemeinen Vorschriften unterstellt, wie sie nach der Judikatur des Reichsgerichts in erster Linie § 242 BGB. enthält. Insbesondere kann dem Steuerfiskus, der die Abwertung der Hypotheken sich durch eine *Ausgleichsteuer* nutzbar machen will, völlig unschädlich sein, ob sich der Gläubiger an dem sonstigen Vermögen des persönlichen Schuldners schadlos halten kann, wenn natürlich auch zur Erhaltung der Steuerleistungsfähigkeit dieses Schuldners eine nach der Höhe seines Vermögens abgestufte *individuelle Abwertung* gerechtfertigt wäre. Aber auch was die Rücksicht auf die Erhaltung des Realkredits anlangt, so erscheint es höchst willkürlich, davon auszugehen, daß der Grundstücksmarkt eine Ablösung der Hypotheken zu einem Viertel nach vollen sieben Jahren, aber auch nicht mehr und auch nicht früher, verträgt. Worauf es ankam, war zu verhüten, daß die *Ablösung der Hypotheken durch neuen Kredit* keine unlösbaren Schwierigkeiten machen würde. Die Frage war also, wie und wann den Grundstücksschuldnern die Ablösung der Hypotheken möglich sein würde. Dabei konnte der Standpunkt eingenommen werden, daß bei der Ungunst des gegenwärtigen Kapitalmarkts und bei der Unübersichtlichkeit seiner Entwicklung über die Zukunft überhaupt noch nicht disponiert werden könne, und dies hätte zu einer *Hypothekensperre* in dem Sinne geführt, daß die Rückzahlung auch bereits gekündigter Hypotheken vorläufig bis zu einem noch zu bestimmenden Zeitpunkte nur mit Zustimmung des Gläubigers erfolgen könne. Ein solches Sperrgesetz wurde auch von weiten Kreisen gewünscht und ein entsprechender Antrag am 1. März 1923 von den Abg. Dr. Düringer und Genossen im Reichstage eingebracht (Nr. 5597 der Reichstags-Drucks.). Danach wäre die Frage nach dem Ob und Wieviel der Abwertung vorläufig in der Schwebe geblieben, und man hätte die Entwicklung der Dinge abgewartet, anstatt diese wichtigste Lebensinteressen berührenden Fragen auf bloßen wirtschaftlichen *Fiktionen* aufzubauen. Aber man brauchte diese Fiktionen, um seine wirtschaftspolitischen Ziele zu erreichen. Es kann auch nicht gelten, daß die Unsicherheit einer zukünftigen Abwertung den Kapitalmarkt fortdauernd beunruhigt hätte. Dann hätte man in der Art abwerten sollen, daß die Abwertungshöhe durch die Rücksicht auf den jeweils üblichen Zinssatz für die Verzinsung der Hypotheken (vgl. § 7 Abs. I S. 2 Aufw.G.) bestimmt worden wäre. Davon ausgehend, daß nur bei entsprechender Heraufsetzung des Realkreditzinses eine Ablösung der Hypotheken zu ermöglichen wäre, hätte man also zu beantworten gehabt, wieweit die Hypotheken abzuwerten wären, um mit dem für den Kapitaldienst bestimmten Teil der Friedensmiete (und mit deren Erreichung mußte man rechnen) zu dem jeweils üblichen Zinssatz neuen Realkredit üblich verzinsen zu können. Dabei wäre auf die unter der Mietenzwangswirtschaft stehenden Grundstücke abgestellt worden, da die frei bewirtschafteten Grundstücke infolge ihres höheren Wertes und ihrer höheren Ertragsfähigkeit hierbei ausscheiden konnten. Man hätte also davon ausgehen können, daß 65% der Friedensmiete für den Kapitaldienst bestimmt waren, und zwar bei 4—5% Hypothekenzinsfuß; soweit man nun mit 10% als üblichem Zinssatz, also mit einer Verdopplung des Zinsfußes, zu rechnen gehabt hätte, wäre eine Abwertung der Hypotheken um 50% gerechtfertigt gewesen. Die Hälfte des bisher investierten Kapitals hätte m. a. W. die gleiche Miete zu einer entsprechenden Verzinsung beansprucht. Auch bei dieser Regelung wäre eine gewisse Hypothekensperre zu erwägen gewesen, um zu verhindern, daß Gläubiger, denen an einer Rückzahlung nicht gelegen sein konnte, geschädigt würden.

Was die Abwertung in ihrem enormen Ausmaß anlangt — und dieses wird nicht nur durch die an sich noch herabsetzbare Abwertungshöhe, sondern auch durch das Moratorium, die Zinsherabsetzung und Rangverschlechterung bestimmt (worüber nachher im Zusammenhang gesprochen wird) —, so wird diese Abwertung in erster Linie durch die steuerlichen Bedürfnisse des Staats gerechtfertigt. Es war schon lange vor der Aufwertungsgesetzgebung die oft gehörte Ansicht vieler Regierungsstellen, daß der Mietzinsschutz nicht der Mieter wegen betrieben würde, sondern weil der Staat zur gegebenen Zeit den entstandenen Leerraum für sich beanspruchen würde. Dieser Leerraum war zunächst durch die Festhaltung der Grundmiete in unveränderter Papiermark entstanden und wurde nun durch die Abwertungsgesetzgebung auch über die Inflationszeit hinaus festgelegt.

Die Frage, für welche steuerlichen Zwecke dieser Abwertungsausgleich beansprucht wird, beantwortet sich aus Art. II des Gesetzes über Änderungen des Finanzausgleiches zwischen Reich, Ländern und Gemeinden vom 10. August 1925 (RGBl. I S. 254), womit die entsprechenden Bestimmungen der 3. St.N.VO. (Art. III B) abgeändert worden sind. Das neue Gesetz unterscheidet zwischen der Zeit bis zu einer 100%-Miete, und diese muß nach § 27a Abs. 1 (der neugefaßten 3. St.N.VO.) am 1. April 1926 erreicht sein*), und der Zeit nachher. Anderseits wird wegen Verwendung der Steuer zu allgemeinem Finanzbedarf und zur Förderung der Bautätigkeit unterschieden. Der letztere Zweck ist keineswegs vorangestellt, obwohl ja die Steuer dem Volke gerade dadurch erträglicher gemacht werden könnte, daß sie als eine Abgabe der Wohnenden zugunsten der Wohnungslosen erschiene.**) 20—30% von der Friedensmiete soll, solange die Friedensmiete noch nicht erreicht ist, der Staat für allgemeine Zwecke bekommen; erst von der Miete über 100% sind zunächst 15—20% der Friedensmiete (und zwar als Mindestsatz) für Bauzwecke zu verwenden, danach für den Finanzbedarf höchstens noch ein Fünftel der Miete über 100%. Insgesamt können also nicht weniger als zunächst 20% der Friedensmiete für andere als Bauzwecke verwendet werden. Anderseits haben die Länder freie Hand, vorerst die Erreichung der vollen Friedensmiete abzuwarten, ehe sie an die Förderung der Bautätigkeit aus Mitteln der Steuer herangehen.

Freilich werden die Länder, soweit sie die Steuer schon vor Inkrafttreten der neuen Bestimmungen für Bauzwecke bestimmt haben — und diese Sätze schwanken zwischen 2 und 14% der Friedensmiete — auch vor dem 1. April 1926, d. i. vor Erreichung der vollen Friedensmiete (von wo ab also 15—20% mindestens Bausteuer sein müssen) die Steuer in gleicher Höhe dem Baumarkt erhalten. Immerhin muß damit gerechnet werden, daß nur der kleinere

*) Die Bestimmung in § 26 Abs. 3, daß „bis zur Erreichung der vollen Friedensmiete" 20% dem Finanzminister vorzubehalten sind, ist unvereinbar mit § 19 Abs. 3 des neuen Fin.Ausgl.G., wonach diese Bestimmung erst am 1. 4. 1926 in Kraft tritt; da zu diesem Zeitpunkt die gesetzliche Miete die volle Friedensmiete erreicht haben muß, hätte „mit Erreichung" der vollen Friedensmiete die genannte Abgabe vorgesehen werden sollen.

**) Freilich hat auch die Wohnsteuer als solche erhebliche sozialpolitische Bedenken, wie die Miet- und Wohnungssteuern früherer Zeiten gezeigt haben; der Wohnungsaufwand ist nur ein schwaches Symptom der Leistungsfähigkeit, und es werden dadurch die geringeren Einkommen verhältnismäßig höher belastet.

Teil der Steuer Bauzwecken dienstbar gemacht wird, weil die Miete schon durch die Steuermindestsätze genügend angespannt werden wird und von den beiden Mindestteilen der Steuer die Finanzsteuer mit wenigstens 20%, die Bausteuer mit wenigstens 15% überwiegt.

Es ist aber gänzlich unverständlich, mit welcher inneren Berechtigung gerade das Hypothekenkapital, also eine Heerschar kleiner und mittlerer Sparer und vorsichtigster Rentner, dazu herhalten soll, daß der Staat allgemeine Finanzbedürfnisse befriedigt, wofür bekanntlich Einkommen- und Vermögenssteuer dienen sollen. Es kann diesen Rentnern, die auf die Realsicherheit vertraut haben, unmöglich eine Genugtuung bieten, daß sie, indem sie eine Vermögenskonfiszierung kommunistischen Umfangs erleiden, zur verminderten Anspannung der allgemeinen Steuern und zur Schonung des Großkapitals beitragen dürfen. Auch außenpolitisch ist die Vernunft dieser Steuerregelung nicht ersichtlich; zwar muß das Reich nach dem Dawes-Plan neben Abgaben der Reichsbahn und aus Industrie-Obligationen auch Mittel aus dem allgemeinen Staatshaushalt für die Entente aufbringen*), aber es ist nicht recht verständlich, weshalb in konfiszierender Art derartige neue Steuerquellen zweckmäßig erschlossen werden sollen, wo es zunächst darauf ankommt, für die fernere Abgrenzung der deutschen Lasten ein Bild von der Aktivität des deutschen Staatshaushalts zu gewinnen. Dabei ergibt der Mindestsatz von 20% der Miete für Finanzzwecke bei einem Friedensmietaufkommen von etwa 5 Milliarden im Reich rd. 1 Milliarde.

Denkt man die 30% der Friedensmiete, in deren Höhe die Steuer dem allgemeinen Finanzbedarf dienen soll, hinweg, so würde mit dem gleichen Betrage ungefähr die Hälfte des früheren Kapitaldienstes wieder hergestellt werden können. Und das Bild bietet sich für den Realkredit noch günstiger dar, wenn man bedenkt, daß ohnehin ein gewisser Prozentsatz der Miete für die Verzinsung des abgewerteten Kapitals bestimmt ist. Um hier klar zu sehen, ist § 27 Abs. 3, 3. St.N.VO. in der neuen Fassung des § 11 Ziff. 3 des Finanzausgleichs-Ges. zu beachten. Danach entspricht die Regelung wegen der Verzinsung des fremden und eigenen Kapitals dem, was Preußen

*) Vgl. „Die Sachverständigen-Gutachten", Sonderheft d. D. Wirtsch. Ztg., XXI. Jg., April 1924 (Reimar Hobbing), Teil I, Kap. IX: „Normale Hilfsquellen, aus denen Deutschland zu zahlen hätte".

bereits in seiner 3. St.N.VO. vom 28. März 1925 (Ges. S. 42) bestimmt hat. Und zwar wird für den gesamten **Kapitaldienst** eine einzige abzuwertende Hypothek in Höhe des Friedenswerts des Grundstücks fingiert, so daß der Hausbesitzer sein **Eigenkapital** ebenfalls auf ein Viertel abgewertet und zum gleichen Zinsfuß wie die Hypothekare verzinst bekommt.

Die früheren 65% der Miete für Kapitaldienst verringern sich also um drei Viertel, d. h. im Umfang der Abwertung, und ferner, wenn man den Zinssatz für 1926 und 1927 von 3% (§ 28 Aufw.G.) zugrunde legt, gegenüber früheren 5% um weitere zwei Fünftel. Der Kapitaldienst wird danach statt von 65% Miete von $\frac{65}{4} \times \frac{3}{5} = \frac{195}{20}$ = rd. 10% besorgt.

Anders gerechnet: Die Werte der Mietgrundstücke stellen sich durchschnittlich als das Produkt von 14facher Friedensmiete dar. Diese 14 F.M., auf ein Viertel abgewertet, sind mit 3% zu verzinsen. Das ergibt $\frac{14}{4} \times \frac{3}{100} = \frac{42}{400}$ = wiederum rd. 10% Friedensmiete.

Diese 10% F.M. treten zu den oben als preußische Raummiete genannten 42% hinzu, und dieser Raummiete von 52% steht die als Abwertungsausgleich gedachte Steuer von 20 bis 30% gegenüber für allgemeine Finanzen und mindestens 15—20% für Bauzwecke, also eine Steuer von wenigstens etwa 40%. Das ergibt eine gesetzliche Miete von zunächst 92%. Da nach § 27a 3. St.N.VO. die Mieten am 1. April 1926 100% der Friedensmiete erreicht haben müssen, ist noch ein weiterer Spielraum für die Steuer vorhanden.

Was hieran den Hypothekar besonders interessieren wird, ist die Frage, **was künftighin an die Stelle der Steuer** treten wird. Nach § 32 der 3. St.N.VO. war die Steuer bis auf den 31. März 1926 befristet; durch die neue Fassung des § 32 (§ 11 Ziff. 10 des Finanzausgleichs-Ges.) ist die Frist bis zum 1. April 1928 hinausgerückt, zu welchem Zeitpunkt der allgemeine Finanzbedarf, die Wohnungswirtschaft und der Grundstücksmarkt daraufhin geprüft sein sollen, ob die Steuer noch weiter zu erheben ist. Die frühere Bestimmung des § 32 Abs. 2 cit. ist **fortgefallen**, wonach die Steuer — entsprechend dem „Geldentwertungsausgleich" bei unbebauten Grundstücken — von einer **höchstens 2%igen**

Abgabe, berechnet nach der damaligen Abwertung von 85%, abgelöst werden sollte.

Über die Ablösung ist im neuen Gesetz nichts gesagt, indes kann die Streichung des entsprechenden Absatzes der 3. St.N.VO., der mit seiner Reduzierung von $\frac{85}{100}$ der Grundstückslast von 4 bis 5% auf 2% an sich schon die Gläubigerkonfiszierung zu einem erheblichen Vorteil der Schuldner hatte auslaufen lassen wollen, gar nicht anders als dahin gedeutet werden, daß eine Ablösung überhaupt nicht mehr in Frage kommt.

Was wird also nach Fortfall der Steuer geschehen, und wer wird den Vorteil von ihrem Fortfall haben?

Der Gedanke, den Staat an die Stelle der weggewerteten Hypothekenteile eintreten zu lassen, kann als völlig ausgespielt gelten. Wenn überhaupt, so hätte dieser Gedanke gleichzeitig mit den beiden ineinander greifenden Gesetzen — dem Aufw.G. und dem Ausgleichs-Änderungs-Ges. — irgendwie verwirklicht werden müssen. Ein diesbezüglicher Antrag Nr. 278 der K.P.D. zum Kapitel des Geldentwertungsausgleichs bei bebauten Grundstücken ist indes, von der Mehrheit des Reichstags kaum ernst genommen und von der SPD. nicht unterstützt, ohne jede Erörterung glatt abgelehnt worden. Dieser Antrag war auf eine Sicherheitsgrundschuld des Reichs in Höhe des Unterschiedsbeitrags zwischen den 25% der abgewerteten Hypotheken und dem ebenso abgewerteten Eigenkapital einerseits und dem tatsächlichen Grundstückswert anderseits gerichtet, und es sollte der Zinsertrag zu einem Viertel für Unterhaltsrenten an Inflationsgeschädigte und zu drei Vierteln zur Förderung des Wohnungsbaues verwendet werden.

Wie es tatsächlich kommen wird und wer letzten Endes den abgewerteten Hypothekar beerben wird, ist schon nach den gegenwärtigen Gesetzen nicht schwer vorauszusagen. Es wird der Grundsatz betont werden, daß eine gesunde Mietgrundstückswirtschaft die Umlage der Zinsen für Kapitalien im Werte des Grundstücks ermöglichen, also eine ausreichende Grundrente gewähren muß. Wahrscheinlich schon vorher wird auf § 7 Aufw.G. hingewiesen und verlangt werden, daß die Verzinsung der dort dem Eigentümer vorbehaltenen neuen Kredithypotheken auf die Mieter umgelegt werden kann. § 7 cit., auf den unten bei der Aufzählung der einzelnen Abwertungspunkte eingegangen ist, eröffnet dem Eigentümer einen Rangvorbehalt in Höhe der (und hinter jeder der) abgewerteten Hypotheken, soweit diese nach ihrem Nennbetrage mündelsicher, nämlich innerhalb einer Zweidrittel-Wertgrenze, eingetragen sind. Mit diesen bevorzugten Kredithypotheken, die den Zweck haben, dem Grundbesitz neuen Kredit für irgendwelche, keineswegs auf den Betrieb des Grundstücks beschränkte Zwecke zuzuführen, hat der Grundbesitz *schon jetzt* zu einem sicheren Teile, also in Höhe bis zu 25% von zwei Drittel des Grundstückswerts, d. i. ein Sechstel oder 16% *des Grundstückswerts*, das *Erbe* der expropriierten Hypothekare angetreten. Er wird auch die Verzinsung dieser Kredithypotheken aus dem Ertrage des Grundstücks, also die Umlage auf die Mieter erheischen. Dabei fällt ins Gewicht, daß § 7 Abs. 1 Aufw.G. die Eintragung dieser neuen Hypotheken zum „*üblichen*" *Zinsfuß* gestattet. Also wird eine Erhöhung der Mieten zur etwa 10%igen Verzinsung von 16% des Grundstückswerts, d. i., wenn dieser mit 14facher Friedensmiete eingesetzt wird, von $\frac{16 \times 14}{100}$ F.M. gefordert werden, mithin $\frac{1}{10} \times \frac{16}{100} \times 14$ F.M. $= 0{,}224$ F.M. $= 22\frac{1}{2}\%$ Friedensmiete. Man wird späterhin, wenn die meisten Althypotheken schon abgelöst sein werden, auch eine übliche Verzinsung der abgewerteten Rechte zugestehen und, indem man eine gleichartige Verzinsung späterhin eingetragenen Reichsmark-Kredits fordert, dartun, daß die *Miete* — und zwar ganz gleich ob über der Höhe der Friedensmiete — für die alten Zwecke, nämlich für den Grundstücksbetrieb im engeren Sinne und für den Kapitaldienst — *voll in Anspruch genommen* ist, so daß sich der Leerraum, der durch die Abwertung geschaffen wurde, wieder völlig gefüllt hat und über eine Nachfolge gar nicht mehr zu streiten ist.

In diesem Zeitpunkt enthüllt sich die Abwertung als eine *Konfiszierung des Gläubigers zugunsten des Schuldners* ohne Rücksicht auf die wirtschaftliche Stärke beider Parteien.

B. Abwertungspunkte.

Die Benachteiligung der Hypothekare durch das Aufw.G. erschöpft sich nicht in der Tatsache der Abwertung um 75% auf 25% des Nennbetrages, vielmehr treten zu dieser Abwertungshöhe andere Umstände hinzu, die das ursprüngliche Recht des Hypothekars vermindert erscheinen lassen.

Dabei ist davon auszugehen, daß ohne das Gesetz der Standpunkt (Treuaufwertungs-Lehre) des Reichsgerichts, wie er insbesondere in dem oben auszugsweise mitgeteilten Urteil vom 28. Nov. 1923 (RG. Bd. 107 S. 78 ff.) erscheint, zwar noch erhebliche Bedeutung beanspruchen würde, aber in erster Linie doch nur für die in der Inflation schon zurückgezahlten Hypotheken, d. i. für die Frage, inwieweit diese Zahlungen anzurechnen und in welcher Höhe die Schuldner zur Nachzahlung verpflichtet sind. Es wäre dies das Gebiet der Rückaufwertung, welches das Aufw.G. in den §§ 14 ff. behandelt hat. Für die große Zahl der in der Vorkriegszeit bzw. vor dem 1. Januar 1918 als dem Beginn der Inflation begründeten Hypotheken würde die Tatsache den Ausschlag geben, daß im Deutschen Reiche nach § 1 des Münzgesetzes vom 30. August 1924 (RGBl. II S. 254) wieder die Goldwährung gilt und nach § 5 Abs. 2 daselbst der Schuldner die Zahlung in gesetzlichen Zahlungsmitteln derart leisten kann, daß eine Billion Mark einer Reichsmark gleichgesetzt wird. Also würde kein Zweifel sein, daß, wer Kredit in gutem Geld empfangen hat, dies in gutem Gelde zurückzugewähren verpflichtet ist.

1. Als Haupteingriff in das Recht des Hypothekars erscheint also § 4 Aufw.G., der den Abwertungssatz im Normalfalle auf 25% normiert. Diesem § 4 tritt § 9 zur Seite, der die gleiche Abwertung in bezug auf die der Hypothek zugrunde liegende persönliche Forderung anordnet. In bezug auf die dingliche Aufwertung spricht das Gesetz in Form einer Legaldefinition von „Aufwertungsbetrag", in bezug auf die persönliche Forderung von „normalem Höchstsatz".

Der Abwertungssatz von 25% bedeutet zwar eine Erhöhung gegenüber dem in § 2 der 3. St.N.VO. bestimmten Betrag von 15%, ohne daß das Mehr von 10% als eine grundsätzlich schlechter rangierende Zusatzhypothek erscheint. Indes ist die grundsätzliche Abwertung auch der persönlichen Forderung auf 25% gemäß § 9 Aufw.G. eine Verschlechterung gegenüber § 3 der 3. St.N.VO., wonach für die Höhe der persönlichen Aufwertung lediglich die allgemeinen Vorschriften, also insbesondere §§ 242, 157 BGB. maßgebend sein sollten. Dabei war § 3 nicht beschränkt gewesen auf die den Nicht-Vermögensanlagen des § 12 Abs. 2 das. entsprechenden Ansprüche, wie das an sich logisch gewesen wäre, da sich eine unterschiedliche Behandlung der persönlichen Ansprüche mit dem Charakter als Vermögensanlage nicht allein wegen der dinglichen Sicherung rechtfertigte. Was also bei der Abwertung der Hypotheken als solcher gemildert erscheint, ist bei der Abwertung der persönlichen Forderungen verschärft worden, und die Minderabwertung dieser persönlichen Ansprüche beschränkt sich auf die in § 10 genannten Ansprüche, denen der Charakter der Vermögensanlage fehlt und die ihre Analogie in § 63 Abs. 2 und 3 Aufw.G. haben, wo auch die Behandlung der ungesicherten Nicht-Vermögensanlagen den allgemeinen Grundsätzen der §§ 242, 157 BGB. unterstellt ist.

Die Abwertung auf 25% wirkt, was für das Abwertungsverfahren von größter Bedeutung ist, automatisch, also ohne Zutun der Parteien. Eine Eintragung der Abwertung ist nicht erforderlich; wird sie auf Antrag des Gläubigers oder Eigentümers gemäß § 6 Abs. 1 S. 2 eingetragen — und zwar in der Spalte „Veränderungen" — so ist dies eine (übrigens auch von dem Pfändungsgläubiger geltend zu machende) Berichtigung des Grundbuchs, die den Buchungsstand wieder mit der wirklichen Rechtslage in Einklang bringt. Recht schaffenden Charakter hat die Eintragung nicht.

2. Eine weitere Verschlechterung des Hypothekenrechts liegt in der Herabsetzbarkeit des Abwertungssatzes.

Diese Herabsetzung, und zwar bis auf 15%, kann sowohl vom Eigentümer nach § 8 Aufw.G. wie nach § 9 (in Verbindung mit § 8) vom persönlichen Schuldner betrieben werden. In beiden Fällen ist der Antrag bis zum 31. März 1926 bei der Aufwertungsstelle anhängig zu machen (§§ 8, 12), und er ist damit zu begründen, daß angesichts der wirtschaftlichen Lage des Eigentümers bzw. des persönlichen Schuldners die Abwertung auf nur 25% als „grobe Unbilligkeit“ erschiene.

Die Mehrabwertung der persönlichen Schuld wirkt auf die Hypothek und deren Abwertungssatz zurück, da nach dem Grundsatz des § 4 Hypotheken nicht höher aufgewertet werden als die durch sie gesicherten Forderungen (Grundsatz der Accessorietät).

Der rechtzeitig gestellte Mehrabwertungs-Antrag berechtigt den Eigentümer nach § 8 Abs. 2 einen Widerspruch in das Grundbuch eintragen zu lassen, wobei die Eintragung der Abwertung nicht vorausgesetzt wird. Der Widerspruch dient dazu, eine Gefährdung des bei vollzogener Weiterabwertung (durch die Aufwertungsstelle) entstehenden Berichtigungsanspruchs zu verhüten, und zwar besteht diese Gefahr darin, daß der Hypothekar sein Recht auf einen Dritten zediert, dessen Erwerb sich im Vertrauen auf den guten Glauben des Grundbuchs vollzöge und gegen den die Weiterabwertung deshalb nicht mehr wirken würde.

3. Als ein weiterer Abwertungspunkt ist das **Moratorium** anzusehen, das lediglich zugunsten von Eigentümer und Schuldner ausgesprochen ist. Die Regel ist nach § 25, daß der Hypothekar vor dem 1. Januar 1932 weder den Eigentümer noch den persönlichen Schuldner wegen der Zahlung des Aufwertungsbetrages in Anspruch nehmen kann. Von keinem von beiden kann, wie sich das Gesetz ausdrückt, vor dem genannten Zeitpunkt „Zahlung verlangt“ werden. Soweit sich das auf den Eigentümer bezieht, ist übrigens die Formulierung deshalb rechtlich zu beanstanden, weil die Hypothek keine Realobligation ist, die den Eigentümer in der gleichen Weise wie den Schuldner als leistungspflichtig erscheinen ließe (vgl. RG.E. bei Johow, Bd. 41 S. 232), vielmehr hätte lediglich die Möglichkeit einer früheren Befriedigung aus dem Grundstücke wegen des Aufwertungsbetrages ausgeschlossen werden können. Daß übrigens Eigentümer und Schuldner mit dreimonatiger Kündigungsfrist **vorher leisten** können, bestimmt § 25 Abs. 2 ausdrücklich.

Diese **vorzeitigen Ablösungen** der Hypotheken werden praktisch bedeutsam werden, sobald die Reichsregierung oder die von ihr bestimmte Stelle die nach § 88 Abs. 2 S. 2 Aufw.G. vorgesehenen **Vorschriften wegen** „Berücksichtigung eines mit Rücksicht auf eine vorzeitige Zahlung **angemessenen Zwischenzinses**“ erlassen haben wird, während mangels solcher Bestimmung der Schuldner zu einem Diskontabzug nicht berechtigt ist. Wird etwa ein durchschnittlicher Zinsfuß von 9% für die sechs Jahre von 1926 bis 1931 (Rückzahlungstermin 1. Januar 1932) zugrunde gelegt, so läge dieser um 4,7% über dem Durchschnitt des gesetzlichen Zinssatzes für diesen Zeitraum. Also wären zunächst 6×4,7 = 28,2% in Abzug zu bringen, weiter aber auch der Zinseszins, was etwa 40% ergäbe, so daß Ende 1925 mit etwa 60% des Aufwertungsbetrages, also statt 25% mit etwa 15%, abzulösen wäre. Die diesbezüglichen Vorschriften werden verhindern, daß der Kapitalmarkt zu einem einzigen Zeitpunkt ganz besonders belastet wird, vielmehr wird sich die Ablösung über den ganzen Zeitraum verteilen, wenn auch schon in allernächster Zeit nach Bekanntgabe der Abzugstabelle in Befürchtung einer neuen Aufwertungsbewegung (Verfassungswidrigkeit des jetzigen Gesetzes!) besonders viele Ablösungen erfolgen werden.

Das Moratorium deckt sich mit dem in § 5 Abs. 1 der 3. St.N.VO. ausgesprochenen, nur kennt das neue Gesetz, auch damit die bisherige Rechtslage verschlechternd, Ausnahmefälle, in denen das Moratorium noch e r w e i t e r t werden kann. Bis zum 31. Dezember 1926 kann nämlich nach § 26 Aufw.G. sowohl der Eigentümer wie der Schuldner eine weitere Hinauszögerung der Fälligkeit der Hypothek bzw. Schuld bei der Aufwertungsstelle beantragen, und diese kann die Fälligkeit bis zum 1. Januar 1938 hinausrücken, dabei aber dem Eigentümer oder Schuldner Teilrückzahlungen schon vom 1. Januar 1930 ab auferlegen. Der Antrag nach § 26 ist mit der „unabweisbaren“ Gefahr einer „großen Unbilligkeit“ im Falle des normalen Moratoriums zu begründen — eine Bestimmung, die als sehr gekünstelter Kompromißpunkt zum weiteren Nachteil des Gläubigers erscheint, wenn man bedenkt, daß es einer reichlichen Dosis von H e l l s e h e r e i bedarf, um spätestens am 31. Dezember 1926 seine Wirtschaftslage nach vollen fünf Jahren derart beurteilen zu können, daß die Abtragung einer an sich schon um 75% ermäßigten Schuld alsdann noch eine „unabweisbare große Unbilligkeit“ wäre.

Einen ganz unzulänglichen Ausgleich für § 26 bietet die korrespondierende Bestimmung des § 27, wonach der Gläubiger seinerseits eine vorzeitige Teilfälligkeit der Schuld ab 1. Januar 1926 bis zum 1. April 1926 bei der Aufwertungsstelle beantragen kann. Die Unzulänglichkeit besteht darin, daß die Aufwertungsstelle dem Gläubiger Jahreszahlungen von höchstens 1000 RM. und auch diese nur, sofern der Aufwertungsbetrag nicht unter 10000 RM. liegt (also höchstens 10%), zuerkennen darf. Diese Fixierung auf 1000 Mark, ganz unabhängig von der Höhe des Aufwertungsbetrages im Einzelfalle, also auch wenn es sich um Millionen handelt, ist völlig unverständlich. Abgesehen davon, ist es fehlerhaft und unlogisch, wenn das Gesetz zunächst die Möglichkeit einer vorzeitigen Rückzahlung des gesamten Aufwertungsbetrages vorsieht (den Aufwertungsbetrag „ganz" oder teilweise vorzeitig zu leisten hat), um im nächsten Satz die vorzeitigen Zahlungen auf 10% jährlich nach oben abzugrenzen; da die Vorzeitigkeit höchstens 6½ Jahre ausmacht, können also, selbst wenn man die Zwischenzinsen berücksichtigt*), niemals 100% des Aufwertungsbetrages vorzeitig geleistet werden.

Mit vollem Recht hatte der Abg. Dr. Best mit einem diesbezüglichen Antrage die vorzeitige Fälligkeit von der „Mittelbereitschaft auf seiten des Schuldners" abhängig gemacht sehen wollen; sein Antrag wollte die alsbaldige Tilgung der Schuld angeordnet wissen, „soweit dem Schuldner, insbesondere zur vollen Veräußerung des Unterpfandes, bereits Mittel zur Verfügung stehen".

4. Ganz besonders verstärkt wird die Abwertung der Hypotheken durch die Regelung der Verzinsung der abgewerteten Hypotheken (§ 28). Hier tritt recht eigentlich eine doppelte Abwer-ung in Erscheinung. Erst vom 1. Januar 1928 ab gelten 5% als esetzlicher Zinsfuß, für 1926 und 1927 nur 3% (nach der . St.N.VO. waren es für 1927 bereits 4%), für 1925 ist der insſatz 1,2 v. H. im ersten und 2,5 v. H. im zweiten halben Jahr. er durchschnittliche Zinsfuß für 1925 ist also 1,85% und der rchschnitt der Verzinsung für die ganzen 7 Jahre fast genau 4. § 5 Abs. 2 der 3. St.N.VO. sah 2% für 1925 und für jedes itere Jahr 1% mehr bis zu 5% vor, so daß der minderen Ab-

*) Werden bei einem Aufwertungsbetrag von 10000 Mark die Jahresrat auf den Höchstbetrag von 1000 Mark ab 1. Januar 1926 festgesetzt, und wi mit einem üblichen Zinssatz von 10% gerechnet, so ist als Zwischenzins für e Jahre 1926 und 1927 die Differenz von 10% und dem gesetzlichen Zinssatz n 3% (§ 28) anzurechnen, also 7%, für die weitere Zeit nur 5%, entsprend dem für diesen Zeitraum auf 5% festgesetzten gesetzlichen Abwertungszins. Die um 6 Jahre vorzeitige Zahlung von 1000 Mark am 1. Januar 192 würde also mit weiteren 6 × 7 = 42%, also in einer Gesamthöhe von 1420 ark gutzubringen sein usf.

wertung des Kapitals nach dem neuen Gesetz eine bessere Verzinsung nach dem alten Gesetz gegenübersteht.

Ab 1. Januar 1932 kann (so § 28 Abs. 1 S. 2) in den Fällen, wo nach § 26 die Fälligkeit von der Aufwertungsstelle noch weiter hinausgerückt ist, der Zinssatz in Anpassung an die allgemeine Wirtschaftslage erhöht werden, und zwar sowohl dem Eigentümer wie dem Schuldner gegenüber. Dieser Grundsatz der „Berücksichtigung der allgemeinen Wirtschaftslage" hätte billigerweise auch für die frühere Verzinsung maßgebend sein müssen.

Bei Rückaufwertung auf Grund der §§ 14 und 15 (Zahlungsannahme zwischen 15. Juni 1922 und 14. Februar 1924 oder früher, aber unter Vorbehalt) beginnt die Verzinsung an sich ebenfalls ab 1. Januar 1925, da schon der Vorbehalt bzw. die Spätinflationsleistung die Aufwertung von Gesetzes wegen auslösen. Nur bei schon gelöschten Hypotheken soll es nach § 28 Abs. 2 anders sein, nämlich die Verzinsung erst mit dem Beginn des Vierteljahrs anfangen, das auf die Wiedereintragung (§ 20) folgt. Durch mutwilligen Einspruch, den der Eigentümer binnen drei Monaten nach der ihm von der Aufwertungsstelle mitzuteilenden Anmeldung des Aufwertungsanspruchs erhebt, kann die Verzinsung arg verzögert werden, denn nach § 16 Abs. 2 ist die Wiedereintragung von der rechtskräftigen Zurückweisung des Einspruchs abhängig.

Gefragt werden kann, ob die Zinssätze des § 28 auch für die persönliche Schuld im Falle des § 10 (Aufw. nach allg. Vorschriften) gelten oder nur für die Hypothek. Das Gesetz gibt keine zweifelsfreie Auskunft, da es in § 28 von der Verzinsung des „Aufwertungsbetrages" spricht und als solcher nach der Legaldefinitio des § 4 lediglich die auf 25% herabgewertete Hypothek gilt (von de im § 4 sogar im Gegensatz zur persönlichen Forderung gesproch ist), während der terminus technicus für die abgewertete persö liche Forderung in § 9 „normaler Höchstsatz" ist. Von Bedeutung i ferner, daß sich die persönliche Aufwertung nach § 10 außerhalb s Gesetzes vollzieht, nämlich den allgemeinen Vorschriften untersteht, und daß insofern nur in bezug auf die Hypothek von bestimmt begrenzter Abwertung gesprochen werden kann, während die persönliche Forderung in diesen Fällen in ihrer vereinbarten Höhe nur insoweit tangiert wird, als die Rücksicht auf Treu und Glauben es rechtfertigt. Grundsätzlich soll also in den Fällen des § 10 der ertrag auch in bezug auf die Höhe der Forderung erhalten bleiben, also rechtfertigt sich die Aufrechterhaltung des Vertrages in noch höherem Grade in bezug auf den Zinsfuß.

Die allgemeine Ansicht ist dies freilich nicht, und das Kammergericht hat mit Entscheidung vom 2. Mai 1925 (Jur. Rundsch. 1925 Nr. 323) der Aufwertungsstelle die Befugnis abgesprochen, eine von den Vorschriften des § 28 abweichende Verzinsung anzuordnen. Indes, was im Vorhergehenden gesagt ist, läuft nicht auf eine Billigkeitsaufwertung des Zinsfußes im Sinne von § 10 hinaus, sondern darauf, daß kein Anlaß besteht, die vertragliche Zinsvorschrift in bezug auf die persönliche Forderung zu ändern. Jedenfalls ist die Frage recht zweifelhaft, insbesondere, ob nicht, wenn man überhaupt eine verschiedene Verzinsung von Hypothek und Schuld zulassen will, dies schlechthin geschehen muß, ohne darauf abzustellen, ob die persönliche Forderung von der Aufwertungsstelle nach § 10 abweichend von dem normalen Höchstsatz geregelt ist (s. unten).

5. Wie sich aus der eben erörterten Zinsherabsetzung bereits ergeben hat, ist gleichzeitig mit dieser, nämlich ebenfalls in § 28, der insoweit dem § 5 Abs. 1 3. St.N.VO. entspricht, ein Zinserlaß für die Zeit vor dem 1. Januar 1925 ausgesprochen worden. Der Zinserlaß geht weiter, wenn die Rückaufwertung einer gelöschten Hypothek angemeldet ist, da dann nach § 28 Abs. 2 erst die Wiedereintragung zu betreiben ist und die Verzinsung mit dem auf sie folgenden Kalendervierteljahr beginnt.

6. Ein weiterer Nachteil für die Hypothekengläubiger liegt in der zeitlichen Begrenzung der Rückaufwertung, insbesondere in der Wahl eines in bezug auf den Fortschritt der Inflation so späten Zeitpunkts, wie es der 15. Juni 1922 gemäß § 15 ist. Die dem Gesetz beigegebene Umrechnungstabelle zeigt, daß nicht erst ab 15. Juni die Papiermark ihren tiefen Stand von 100 PM. = 1,37 GM. hatte, also eine Verschlechterung auf fast ein Hundertstel aufwies, vielmehr reicht der Tiefstand der Papiermark viel weiter zurück, und es hatten nach der gesetzlichen Tabelle im letzten Drittel des November 1921 100 PM. auch nur den Wert von 1,92 GM.

Es kann hier, worauf unten hingewiesen ist, nur helfen, daß die Aufwertung nicht schon bei fehlendem Vorbehalt in bezug auf Leistungen vor dem 15. Juni 1922 ausgeschlossen ist, vielmehr muß eine „Annahme" der Leistung vorliegen, und das wird dahin zu deuten sein, daß der Gläubiger die Leistung als Erfüllung hat entgegennehmen wollen (so OLG. Kassel vom 27. Okt. 1924 im „Recht" 1925 S. 161). Die Annahme muß also ausdrücklich oder stillschweigend erklärt sein und also das Verhalten des Gläubigers daraufhin gewürdigt werden, ob in ihr die Beurteilung der Leistung als Erfüllung zu finden ist. Das wird entgegen einer Entscheidung des LG. Hamburg (vom 15. Okt. 1924) in Hans. Ger.-Z. 1924 S. 246 in der Zahlung von in Pfennigen umzurechnenden Papiermarkbeträgen auf ein Bankkonto des Gläubigers noch nicht zu finden sein, da bei der Geringfügigkeit der Kaufkraft der Zahlung der Gläubiger es nicht der Mühe für wert gehalten haben mag, förmlichen Widerspruch zu äußern.

Als gültigen Vorbehalt, der trotz Annahme der Leistung vor dem 15. Juni 1922 den Aufwertungsanspruch bestehen läßt, bezeichnet § 14 ausschließlich den „bei der Annahme" erklärten. Also genügt es nicht, daß der Gläubiger, dem erst nach der Zahlung die Annahme leid geworden ist, die Löschungsbewilligung nur unter Vorbehalt erteilt hat. Anders hat zwar das RG. lt. J.W. 1925 S. 45 entschieden, jedoch unter Anwendung des hierin gerade abweichenden § 11 der 3. St.N.VO.; dort war allerdings die vorbehaltlose Löschungsbewilligung neben die vorbehaltlose Zahlung gestellt; es machte nur die Frage Schwierigkeit, ob man denn dem Gläubiger, der wegen verspäteten Vorbehalts der persönlichen Forderung verlustig gegangen war, in Umwandlung der als solche begrifflich nicht mehr möglichen Hypothek eine Grundschuld zugestehen sollte.

Wo vor dem 15. Juni 1922 vorbehaltlos angenommen ist, kann auch auf andere Weise nicht geholfen werden, was § 19 ausdrücklich bestimmt, indem es den Bereicherungsanspruch oder einen auf Irrtumsanfechtung oder sonstwie begründeten Anspruch ausschließt. Lediglich sollen Ansprüche wegen arglistiger Täuschung unberührt bleiben. Wer also nachweisen kann, daß ihm die vorbehaltlose Annahme in einer Treu und Glauben verletzenden Weise abgelistet worden ist, braucht § 14 nicht gegen sich gelten zu lassen.

7. In den zwei folgenden Fällen ist die Aufwertung gänzlich ausgeschlossen. Zunächst im Falle der Rückwirkung des § 15, wenn eine der dort in Satz 2 Ziff. 1—3 genannten Härte-

klauseln zutrifft. Davon betrifft Ziff. 2 lediglich den persönlichen Schuldner, der das belastete Grundstück mit geringem Erlöse veräußert hat oder seinerseits den Eigentümer deshalb nur schwer in Anspruch nehmen kann, weil das Grundstück in abgetretenem, also in ausländischem Gebiete liegt. Ziff. 1 und 2 sind Härteklauseln sowohl für den Eigentümer wie für den Schuldner und berücksichtigen einmal erhebliche Vermögensverluste infolge Währungsverfalls, ferner Verluste durch Verschleuderung von Vermögensgegenständen, zu denen die Betroffenen nachweislich durch die Kündigung des Gläubigers gezwungen waren.

Die Frage, ob der Ausschluß der Aufwertung der persönlichen Forderung aus Gründen, die lediglich in der Person des Schuldners liegen, auch den dinglichen Aufwertungsanspruch ausschließt, so daß die Hypothek nicht auf 25% gemäß § 4, sondern überhaupt nicht aufgewertet wird, ist bisher wohl ausnahmslos bejaht worden, weil § 4 nach dem Grundsatz der Akzessorietät eine Hypothekenaufwertung über die Höhe der persönlichen Forderung, also die Möglichkeit der Entstehung von (der Forderung entblößter) aufgewerteter Grundschulden ausschließt. Beachtenswert ist ein von Dr. Eyck in Nr. 36 von „Recht und Leben" (Beil. zur Voss. Ztg.) Jg. 1925 gemachter Vorschlag, daß die Gläubiger bei der Anmeldung des Anspruchs auf Rückaufwertung nach § 16 erklären sollten, sie würden den persönlichen Schuldner nicht oder nur für den etwaigen Ausfall in Anspruch nehmen, denn dann werde die Aufwertungsstelle von der Härteklausel zugunsten des Schuldners keinen Gebrauch machen und damit der aus dem Grundsatz des § 4 formal-rechtlich nicht vermeidbare, wirtschaftlich aber nicht zu billigende Rechtsverlust nicht eintreten.

8. Ausgeschlossen ist die Aufwertung weiter in den §§ 65 und 66, nämlich, wenn es sich um Kontokorrentforderungen und Bankguthaben handelt. Das Gesetz betont ausdrücklich, daß der Ausschluß der Aufwertung sich auch auf den Fall der hypothekarischen Sicherung solcher Forderungen erstreckt.

Nach einer Entsch. des RG. 19. II. 10787/23 (bei Schlegelberger S. 205) auf Grund von § 12 Abs. 3 3. St.N.VO. ist der Ausschluß der Aufwertung nicht auf laufende Rechnungen aus der Festmarkzeit auszudehnen. Voraussetzung des Ausschlusses nach § 65 ist das Vorliegen einer laufenden Rechnung, d. h. das fortlaufende Kreditieren des einen und Zahlen des andern Teils.*) Ausgeschlossen ist die Aufwertung nicht nur der Ansprüche in bezug auf den Saldo, sondern auch in bezug auf die nach dem Recht des Kontokorrentvertrages ihrer Selbständigkeit beraubten einzelnen Rechnungsposten.

Der Ausschluß der Aufwertung gilt nicht bei Einlagen des Arbeitnehmers auf dem Konto des Arbeitgebers und ebenfalls nicht, wenn es sich um Nicht-Vermögensanlagen im Sinne von § 63 Abs. 2 handelt.

Der uneingeschränkte Ausschluß der Aufwertung von Bankguthaben ist bezeichnend für die Kräfte, die bei Zustandekommen des Aufwertungsgesetzes eine Rolle gespielt haben.

9. Zu den Einbußen, die die Abwertungsgesetzgebung gebracht hat, gehört auch der Mangel einer Rückaufwertung vollständig bezahlter Papiermark-Kaufpreise. Es kann natürlich nicht befriedigen, daß nur denjenigen Inflationszwangsveräußerern soll geholfen werden können, denen der Kaufpreis nicht in voller Höhe, d. h. in vollen Goldmarkpfennigen, auf den Tisch gelegt worden ist, die also nicht in vollem Umfang hineingefallen sind. Es ist dies die viel erörterte Frage nach der Rechtsgültigkeit der Verschleuderungskäufe, von denen ein Teil zu den sog. Schwarzkäufen gehört. Es ist davon weiter unten die Rede; schon hier mag nur darauf hingewiesen werden, daß Kaufpreise von 100000 Mk. etwa Ende 1922 nur 100 GM. bedeuteten.

10. Zu der weiteren Herabminderung der Hypothekenvermögen gehört die durch das Aufwertungsgesetz eingetretene Rangverschlechterung. Hier können vier Fälle unterschieden werden:

a) Zunächst der Fall des § 6 Abs. 2. Danach treten die abgewerteten Hypotheken mit zwei Fünftel ihres Werts, nämlich mit der gegenüber der 3. St.N.VO. hinzugewonnenen 10%igen Erhöhung des Aufwertungsbetrages, hinter spätere Rechte zurück, die im Vertrauen auf den Abwertungssatz der 3. St.N.VO., also nach ihrem Inkrafttreten, d. i. ab 14. Februar 1924, und noch vor der Erschütterung dieses Satzes von 15% in der öffentlichen Meinung — und als diesen Zeitpunkt bestimmt das Aufw.G. den 1. Oktober 1924 — erworben worden sind.

*) Nach KG. E. v. 2 Januar 1925 in JW. 1925 S. 805 genügt es nicht, daß der Schuldner regelmäßig einen Kontoauszug zur Anerkennung erhält und das Darlehen in das Konto aufgenommen wird.

b) Weiter der Fall des § 7. Hier ist dem Eigentümer ein eigentümlicher Rangvorbehalt geschaffen, wie ihn § 881 BGB. nur in Verbindung mit der Belastung („bei" der Belastung) eines Grundstücks kennt. Es ist hiervon schon oben bei der Frage gesprochen worden, wer als Nutznießer der Abwertung anzusehen ist. Nach § 7 treten die abgewerteten Hypotheken mit Ausnahme der an erster Stelle eingetragenen hinter den neu entstehenden Rangvorbehalten für den Eigentümer zurück, soweit diese Hypotheken innerhalb der Mündelsicherheitsgrenze des Grundstücks, nämlich zwei Drittel seines Wertes, liegen. Für die wirtschaftliche Rechtfertigung dieser Rangverschlechterung ist bezeichnend, daß der so vorzugsweise gesicherte neue Kredit des Eigentümers nicht etwa, wie doch sehr nahe läge und in den Ausschußberatungen auch verlangt worden ist, auf Kredite zur Befriedigung notwendiger Bedürfnisse des Grundstücks beschränkt worden ist.

c) Drittens der Fall des § 20. Hier ist bestimmt, daß die nach Löschung der jetzt rückaufwertbaren Hypotheken vor dem 1. Juli 1925 (dieser Zeitpunkt ergibt sich aus § 22 Abs. 2) eingetragenen neuen Rechte den Vorrang haben vor den rückaufgewerteten alten Hypotheken.

d) In § 21 ist dies Nachrücken der Rückaufwertungshypotheken ausgedehnt auf die Hypotheken, die zwar nicht gelöscht, aber auf den Eigentümer oder Zessionar umgeschrieben worden sind.

e) In den Fällen c) und d) tritt das Nachrücken nach § 22 ohne Einschränkung nur ein, sofern die neuen Rechte vor dem 1. Januar 1925 erworben sind. Bei späterem Erwerb ist zwischen Erwerb durch nahe Angehörige und solchem durch Fremde zu unterscheiden. Letzterenfalls ist es dem Inhaber der gelöschten oder zedierten Hypothek überlassen, den Neuerwerb anzufechten (nach den Grundsätzen des Anf.-Ges. vom 20. Mai 1898, RGBl. S. 709); im ersteren Falle muß, um das Zurücktreten der aufgewerteten Hypotheken zu erreichen, der Angehörige des Eigentümers seine Gutgläubigkeit beweisen, oder aber es muß eine Zession des neuen Rechts auf einen Fremden, und zwar vor dem 1. Juni 1925, vorliegen.

C. Rechtsbehelfe des Hypothekars nach dem Aufwertungsgesetz.

1. Da die Abwertung der Hypotheken einerseits und der persönlichen Forderung anderseits teilweise verschiedene Wege geht, hat sich der Hypothekar klar zu werden, welcher Art die von der Hypothek gesicherte persönliche Forderung ist. Nur im Normalfall ist der Abwertungssatz der persönlichen Schuld der gleiche wie bei der Hypothek, nämlich 25% des Goldmarkbetrages. Bedeutende Ausnahmen zugunsten der persönlichen Forderung macht dagegen § 10, indem in den hier genannten Fällen die „allgemeinen Vorschriften", nämlich das Billigkeitsrecht, wie es insbesondere im § 242 BGB. erscheint, maßgebend sein sollen. Die Entscheidung darüber steht der Aufwertungsstelle zu, bei der die Aufwertung über den normalen Höchstsatz bis zum 31. März 1926 beantragt sein muß (§ 12).

Der wichtigste dieser Fälle ist der der Kaufgeldforderung, wobei das Gesetz eine Begrenzung (ebenso wie im Falle der Gutsüberlassungs-Verträge der Ziff. 2) der Aufwertung auf 75% bzw. 100% des Goldmarkbetrages ausspricht, wenn die Kaufgeldforderung vor dem 1. Januar 1912 bzw. vor dem 1. Januar 1922 begründet worden ist. Für Forderungen nach dem 31. Dezember 1921 soll also eine Aufwertung über 100% zulässig sein. Diese Zulässigkeit der Aufwertung über 100% hat das RG. im Beschluß vom 24. November 1924 (Jur. Woch. S. 2002) ganz allgemein bejaht, insbesondere sei bei Grundstückskäufen, aus denen noch eine Restforderung bestehe, nach Billigkeit derjenige Prozentsatz des gegenwärtigen Grundstückswerts maßgebend, der dem Verhältnis des unbeglichenen Teils des vereinbarten Nennbetrags des Kaufpreises zu diesem Nennbetrag entspricht. Der Einwand des RG. in Entscheidung vom 17. Juni 1925 (V.B. 14/25), es würde damit eine willkürliche Revision abgeschlossener Verträge vorgenommen werden, kann doch wohl nicht überzeugen; der Vertragsinhalt wird nicht neu im Sinne von anders gestaltet, sondern nach den Erwägungen der Billigkeit, wie sie sich aus der Berücksichtigung der Wertverhältnisse zur Zeit der Entscheidung ergeben, interpretiert. Es ist aber billig, den Parteien zu unterstellen, daß sich die Restschuld nicht nur nach dem Verhältnis der gezahlten Papiermark zu der vereinbarten Papiermark bestimmt, sondern daß auf das Verhältnis der Restschuld zum späteren Grundstückswert zurückgegangen wird. Damit wird die Erfahrung des Richters über die Wertverhältnisse zur Zeit der Entscheidung genutzt und im Sinne verständiger Parteien unterstellt, daß diese bei Kenntnis der Entwicklung des Grundstückswerts das Restkaufgeld dieser Entwicklung angepaßt hätten.

Wenn ferner § 10 Abs. 2 mit den Sätzen von 75 bzw. 100% des Goldmarkbetrages Höchstsätze genannt wissen will, so wird nicht zu vergessen sein, daß diese Höchstsätze doch schließlich nichts anderes bedeuten als die Befreiung von der konfiszierenden Abwertung und einer Abstandnahme vom Eingriff in die Vertragstreue. Immerhin wird mit dem RG. lt. Entsch. vom 11. Okt. 1924 (D. Richt.-Z. 1924 S. 521) angenommen werden müssen, daß die Anwendung des Höchstsatzes zugunsten des Gläubigers zur Voraussetzung hat, daß der Schuldner sein Vermögen wenigstens annähernd wertbeständig erhalten hat.

Zu beachten ist, daß ohne Schaden für das Verlangen der höheren persönlichen Aufwertung der Umstand ist, daß die Kaufgeldforderung bei ihrer Begründung in eine Darlehnsforderung umgewandelt worden ist. Zum Verständnis davon ist zu berücksichtigen, daß das Gesetz die Minderaufwertung auf 25% bzw. die Höherabwertung von 75% nur für sog. reine Vermögensanlagen angewendet wissen will. Solche Vermögensanlagen werden nach § 63 auch dann, wenn sie nicht hypothekarisch gesichert sind, auf 25% abgewertet. Dabei gelten Restkaufgeld-Forderungen als keine Vermögensanlagen, wie denn § 63 Abs. 3, der, wie überhaupt der neunte Abschnitt zu I bis III des Gesetzes (§§ 62 bis 64), von ungesicherten Ansprüchen handelt, die Ansprüche aus gegenseitigen Verträgen in Gegensatz stellt zu den Vermögensanlagen. Zu den gegenseitigen, d. h. auf Leistungsaustausch gerichteten Verträgen gehört aber der Kauf. Dieser steht also nach der Struktur des Aufw.G. im Gegensatz zum Darlehn. Indes soll nach § 10

Ziff. 5 (2. Halbsatz) die Benennung der Kaufgeld- als Darlehnsforderung noch nicht die Absicht begründen, eine Vermögensanlage zu schaffen. Aber auch bei späterer Umwandlung der Restkaufgeld- in eine Darlehensforderung wird zu unterscheiden sein, ob der Umwandlungsakt um seiner selbst willen geschehen ist, also um tatsächlich unter Aufgabe der Kaufvertrags-Beziehungen für die weitere Zukunft eine Vermögensanlage zu schaffen, oder aber ob die Umwandlung ganz ebenso als wesenlose Begleiterscheinung aufzufassen ist wie bei der Begründung der Kaufgeldforderung. Dies wäre der Fall, wenn die Parteien eine Auswechselung des Pfandgrundstücks später vorgenommen hätten und sich dabei — ganz nebenbei — die Bezeichnung als Darlehnsforderung eingeschlichen hätte. Auch von diesem Umwandlungsakt muß gelten, daß er nur anläßlich der Neubegründung einer Sicherung des Kaufgeldes getätigt ist und daher keine Vermutung dafür begründet, daß eine echte Vermögensanlage geschaffen werden und der Schuldgrund des Kaufs (z. B. was den Gewährleistungsanspruch des Käufers anlangt) völlig fallen gelassen werden sollte.

2. Wegen der Berechnung der Aufwertung ist der Goldmarkbetrag des Anspruchs als Grundlage zu ermitteln. Dabei ist zwischen Ansprüchen, die vor dem 1. Januar 1918 erworben sind, zu unterscheiden und den späteren. Nur die bis spätestens am 31. Dezember 1917 erworbenen Ansprüche sind reine Goldmarkansprüche, und bei ihnen deckt sich der Nennbetrag mit dem Goldmarkbetrag; bei den ab 1. Januar 1918 erworbenen Ansprüchen ist, bevor abgewertet werden kann, der Nennbetrag (Erwerbspreis) nach der dem Gesetz beigegebenen Umrechnungstabelle zu verringern.

Die Vorfrage für diese Feststellung ist die Frage nach dem Erwerbstag des Anspruchs. Dafür stellt § 5, was die Hypotheken anlangt, den Grundsatz auf, daß die Eintragung der Hypothek im Grundbuch als Erwerbstag zu vermuten sei. Da Vermutungen entkräftet werden können, kann also der Gläubiger einen früheren und ihm deshalb günstigeren Erwerb nachweisen. Dies kann bei der Briefhypothek dadurch gelingen, daß wegen des Empfangs des Hypothekenbriefs (oder der sie nach § 1117 BGB. ersetzenden Vereinbarung), der für den Erwerb maßgebend ist, ein früheres Datum nachgewiesen wird. Zu berücksichtigen ist auch, daß nach § 3 nicht der Erwerb des gegenwärtigen Anspruchsinhabers maßgebend ist, sondern z. B. beim Erbfall, bei Gütergemeinschaft, Erbenauseinandersetzung, Ausstattung, Vermögensübernahme u. a. der Erwerb durch den Rechtsvorgänger.

Nach § 3 Abs. 3 läßt die Prolongation wie jede Änderung des Rechtsinhalts den Zeitpunkt des Rechtserwerbs unberührt, so daß es nicht auf den Zeitpunkt der Prolongation, sondern auf den der Entstehung des prolongierten Rechts ankommt. Satz 2 dieses Abs. 2 dehnt diese Vorschrift auf die Fälle der Begründung neuer einheitlicher Rechte bei Gewährung von Zusatzdarlehen aus, so daß der Zeitpunkt des Zusatzdarlehns ohne Bedeutung ist und es allein auf den Zeitpunkt des Erwerbs des (unter Erhöhung später neu begründeten) Ursprungsdarlehns ankommt.

Ebensowenig soll die Auswechslung des belasteten Grundstücks gegen ein anderes Grundstück desselben Eigentümers für die Berechnung des Goldmarkbetrages von Bedeutung sein.

3. Zu beachten hat auch der Hypothekar, ob nicht etwa die Gefahr einer Abwertung schon im Begründungsakt dadurch ausgeschlossen erscheint, daß in diesem die sog. Goldklausel eingefügt ist. Eine solche Goldklausel kann zwar die Abwertung des dinglichen Rechts (der Hypothek) nicht abwenden, wie sie überhaupt nicht eintragungsfähig ist (RG. Bd. 101 S. 145, Bd. 103 S. 387 und in DJZ. 1925 S. 582); sie schließt aber die Abwertung der persönlichen Forderung nach § 9 Aufw.G. aus (vgl. RG. vom 5. April 1924 in Bd. 108 S. 146). Man wird auch keinen Unterschied zwischen Goldwertklauseln und Goldmünzklauseln für die hier erörterte Frage machen und nicht darauf abstellen können, daß die VO. vom 28. September 1914 (RGBl. S. 417) die Goldmünzen für die Zwecke der Kriegsführung außer Kraft gesetzt hat. Diese Klauseln sind, auch wenn nicht in Münzen gezahlt werden kann, doch soweit von Bedeutung, daß die Gläubiger sich mit ihnen offensichtlich vor der Gefahr der Währungsverschlechterung schützen wollten, auch betont die Begründung der VO. ausdrücklich den Willen, eine Gefährdung der Gläubiger unter allen Umständen zu vermeiden. Die Goldwertklausel muß als ein Minus der Goldmünzklausel angesehen werden, so daß letztere jene ohne weiteres einschließt im Ergebnis (ebenso OLG. Köln in Jur. Woch. 1923 S. 1048).

4. Bei höherer persönlicher Aufwertung, also in den Fällen des § 10, haben noch zwei Fragen für den Gläubiger

hohe Bedeutung, nämlich einmal, ob er eine dingliche Sicherung wegen der die Hypothek übersteigenden persönlichen Forderung geltendmachen kann, und zweitens, wie die persönliche Schuld zu verzinsen ist.

a) Da nach dem Abkommen der Schuldbegründung der Gläubiger wegen seiner persönlichen Forderung hypothekarisch sichergestellt werden sollte, der Schuldner also für den vollen Umfang seiner Schuld die Sicherheit einer Hypothek gewähren wollte, so läßt sich die Auffassung sehr wohl vertreten, daß, wenn die Hypothek infolge Abwertung unter der Höhe der geringer abgewerteten persönlichen Forderung zurückbleibt, die alte Verpflichtung des Schuldners zur vollen Sicherstellung wieder auflebt. Entsprechend hat das OLG. Darmstadt am 14. Juli 1924 in Hess. Resp. 1924 S. 140 entschieden, und dasselbe meint Dr. Günther in „Wirtschaft und Recht" Nr. 34 (Beil. zur D. Allg. Ztg.). Man kann auch nicht entgegenhalten, daß der Gesetzgeber in diesem Falle ja die allgemeine Aufwertung, wie sie in § 10 für die persönliche Forderung bestimmt ist, auch auf die Hypothek hätte erstrecken können. Dabei würde übersehen, daß nicht die alte Hypothek in höherem Umfang wieder aufleben, sondern der Schuldner zur Neuschaffung einer Hypothek eventuell auch auf einem anderen Grundstücke oder an der zur Zeit bereitesten Stelle im Grundbuchblatt des alten Grundstücks verpflichtet sein soll. Der Ansicht von Dr. Günther, der Gläubiger könne auf Grund eines Urteils auf künftige Leistung eine Zwangshypothek eintragen lassen, kann freilich nach §§ 751, 866 ZPO. nicht beigetreten werden.

b) Die Frage der höheren Verzinsung der persönlichen Schuld gegenüber der Hypothek ist bereits oben berührt worden. Geltendgemacht war, daß § 28 bei Bestimmung der niedrigen, die allgemeine Wirtschaftslage (entgegen Abs. 1 S. 2 das.) nicht berücksichtigenden Zinssätze nur vom „Aufwertungsbetrage" spricht, als welcher nach der Legaldefinition in § 4 lediglich die auf 25% aufgewertete Hypothek erscheint, während in bezug auf die gleich aufgewertete persönliche Forderung in § 9 von „normalem Höchstsatz" gesprochen ist.*) Zu entscheiden wäre dann freilich noch, ob

*) Auch an anderer Stelle, z. B. in § 25, beschränkt das Gesetz den Begriff „Aufwertungsbetrag" auf die vom Eigentümer zu leistende Zahlung, weshalb § 25, indem er das Moratorium auch auf den persönlichen Schuldner ausgedehnt wissen will, das Verlangen der Zahlung auch von seiten des persönlichen Schuldners besonders ausschließt.

schon im Falle des § 9, d. i. bei normaler Aufwertung der persönlichen Schuld, die vertragliche Verzinsung zu gelten hat oder nur für den den dinglichen Aufwertungsbetrag des § 4 auf Grund von § 10 übersteigenden Schuldbetrag. Letztere Differenzierung könnte auf eine Befugnis der Aufwertungsstelle zur Festsetzung eines höheren als des in § 28 bestimmten Zinssatzes gegründet werden, was mit KG. in Entsch. vom 5. Februar 1925 (Jur. Rundschau 1925 Nr. 323) zu verneinen sein wird. Von der persönlichen Schuld schlechthin zu sagen, daß für sie die vertragliche Verzinsung fortbestehe, begegnet dem Einwande, daß der Gesetzgeber, wenn er dies gewollt hätte, die ganze persönliche Schuld, also auch was ihre Höhe anlangt, von der Abwertung ausgenommen hätte. Durchzugreifen scheint mir aber die Erwägung, daß § 10 (Fälle der privilegierten persönlichen Aufwertung) das Schicksal der persönlichen Forderungen außerhalb des spezifischen Aufwertungsrechts dem Treurecht des BGB. unterstellt, es also bei der alten Regelung beläßt, soweit nicht aus den allgemeinen Bestimmungen des BGB. sich etwas Abweichendes ergibt; diese Abweichung kann dann aber nur in bezug auf die Höhe der Forderung stattfinden, nicht auch in bezug auf den Zinsfuß, bei dessen vertraglicher Festsetzung es vielmehr bleiben muß.

5. In bezug auf das Moratorium des § 25, d. i. die bis auf den 1. Januar 1932 regelmäßig hinausgezögerte Fälligkeit des Aufwertungsbetrages, ist zu beachten, daß nach Abs. 1 Satz 2 das. die gesetzlichen, satzungsmäßigen oder vertraglichen Vorschriften wegen vorzeitiger Fälligkeit der Schuld unberührt bleiben. Eine vorzeitige Fälligkeit wegen Verzugs der Zinszahlung wird also nicht ausgeschlossen, ebensowenig die für den Fall der Verschlechterung des Pfandgrundstücks oder wegen unterlassener Gebäudeversicherung vereinbarte Fälligkeit. Ausgenommen hiervon ist nach S. 3 Abs. 1 wiederum die durch das Aufw.G. selber (§§ 6, Abs. 2, 20, 21) veranlaßte Rangverschlechterung.

6. Wegen der Abkürzung des Moratoriums, die der Gläubiger nach § 27 bei dringender Notlage, aber auch nur bei Nichtgefährdung des Eigentümers oder Schuldners, bis zum 1. April 1926 beantragen kann und die ihm, mag seine Forderung noch so hoch sein, eine vorzeitige Zahlung von jährlich höchstens 1000 Reichsmark ab 1. Januar 1926 einbringen kann, darf auf das oben Ge-

sagte verwiesen werden. Hinzuzufügen ist noch, daß nach Abs. 2 S. 2 der Antrag nur bei frei bewirtschafteten Grundstücken zulässig, also auf die Ausnahme der nicht unter das Reichsmietengesetz fallenden Grundstücke beschränkt ist. Weiterhin hat der Antrag nach Abs. 3 zur Voraussetzung, daß das aufgewertete Recht schon vor der 3. St.N.VO., also vor dem 14. Februar 1924, erworben ist; es sei denn, daß es sich um einen Erwerb vom Rechtsvorgänger im Sinne von § 3 Abs. 1 Ziff. 2—11 handelt, in welchem Falle lediglich der Rechtsvorgänger vor dem 14. Februar 1924 erworben haben muß.

7. Wegen der Verhütung des Ausschlusses auch der Hypothekenrückaufwertung, falls die Rückaufwertung der persönlichen Schuld gemäß § 15 wegen eines auf die Person des Schuldners beschränkten Grundes nicht stattfindet, ist oben bereits auf den Vorschlag von Dr. Eyck in Nr. 36 von „Recht und Leben" (Beil. zur Voss. Ztg.) verwiesen worden. Danach ist dem Gläubiger, der nach § 16 den Anspruch auf Rückaufwertung anmeldet (vorm 1. Januar 1926), empfohlen, hierbei die Nichtinanspruchnahme des persönlichen Schuldners, außer für den etwaigen Ausfall bei der Vollstreckung, zu versichern, was die Aufwertungsstelle veranlassen wird, die vom Gesetz für den persönlichen Schuldner gedachte Härteklausel nicht anzuwenden.

8. Auch auf die Prüfung, ob bei mangelndem Vorbehalt gegenüber einer Zahlung vor dem 15. Juni 1922 auch wirklich eine zum Ausschluß der Aufwertung unerläßliche „Annahme" der Leistung vorliegt im Sinne einer ausdrücklichen oder stillschweigenden Erklärung, befriedigt zu sein und also die Leistung als Erfüllung gelten zu lassen, ist bereits oben unter Bezugnahme auf die Entsch. des OLG. Kassel vom 27. Oktober 1924 (Recht 1925 S. 161) hingewiesen worden. Der Hypothekar hat also zu prüfen, ob ihm die Erklärung eines solchen Annahmewillens nachzuweisen ist, wobei für die Würdigung seines Verhaltens von erheblicher Bedeutung ist, ob die fragliche Leistung schon so sehr entwertet war, daß ihre Mißbilligung vom allgemeinen Gläubigerstandpunkt in der fraglichen Epoche vermutet werden mußte.

Wegen des Vorbehalts, der bei Leistungen vorm 15. Juni 1922 den Anspruch auf Rückaufwertung erhält, gilt, daß jede Erklärung der Unzufriedenheit und des Willens genügt, sich etwa dem Hypothekenrecht noch zuteil werdende Vorteile zu erhalten (Schlegelberger S. 105), wofür schon die ausdrückliche Quittierung über bloße „Papiermark“ genügt (RG., KG., OLG. Dresden, Darmstadt, Naumburg, Jena a. a. O.). Der Vorbehalt muß (anders nach der 3. St.N.VO.) bei der Leistungsannahme, wenigstens aber unverzüglich nach ihr — Mündlichkeit genügt — gegenüber dem Leistenden oder seinem Notar erklärt sein, nicht aber erst, wenn die Zahlung bedingungslos angenommen ist, im Vollzuge der Löschungsbewilligung.

9. Anmeldung. Für die Regelaufwertung entscheidet, daß sie sich von Gesetzeswegen vollzieht, ohne daß es eines Zutuns des Gläubigers bedürfte. Die Eintragung des Aufwertungsbetrages, die nach § 6 Abs. 1 S. 2 sowohl vom Gläubiger wie vom Eigentümer beantragt werden kann und in der Spalte „Veränderungen“ vorgenommen wird, bedeutet daher nur eine Berichtigung des Grundbuchs, keine Rechtsänderung. Dabei ist der Nachweis des Zeitpunkts des Erwerbs und des Erwerbspreises von der Form des § 29 G.O. durch § 11 Abs. 1 der VO. vom 21. Juli 1925 (RGBl. I S. 154) entbunden worden. Entsprechend wird in § 7 Abs. 3 S. 2 die Eintragung des Rangvorbehalts für den Eigentümer nicht von der Eintragung der Aufwertung abhängig gemacht, und diese ist ebenso wenig nötig für die Eintragung des Widerspruchs, den der Eigentümer nach § 8 Abs. 2 bei rechtzeitig (vor dem 1. April 1926) beantragter Herabsetzung aus Billigkeit beantragen kann.

Anders als bei der gewöhnlichen Aufwertung besteht für die Rückaufwertung gemäß § 16 Anmeldezwang. Derjenige Hypothekar also, der vom 15. Juni 1922 mit Vorbehalt oder nachher, aber noch bis zum 14. Februar 1924, angenommen hat (§ 14 bzw. § 15), hat seinen Aufwertungsanspruch bis zum 1. Januar 1926 bei der Aufwertungsstelle anzumelden. Eigentümer und Schuldner können innerhalb einer Dreimonatsfrist, die mit der von der Aufwertungsstelle an sie zu richtende Mitteilung beginnt, Einspruch erheben; sei es, daß Mangel eines Vorbehalts oder daß Annahme schon vorm 15. Juni 1922 geltendgemacht wird (worüber nur im ordentlichen Rechtswege entschieden werden kann; RG. vom 20. Oktober 1924 in Jur. Woch. 1924 S. 2004); sei es, daß die Anwendung der die Rückaufwertung ausschließenden Härteklausel von der dafür nach § 70 Ziff. 2 zuständigen Aufwertungsstelle begehrt wird.

Die Wiedereintragung der gelöschten und zur Rückaufwertung angemeldeten Hypothek kann sich der Gläubiger zwar durch Eintragung eines Widerspruchs nach § 16 Abs. 2 S. 2 sichern lassen*), doch ist eine Gefährdung des Wiedereintrags-Anspruchs insofern nicht zu befürchten, als nach § 22 Abs. 2 ein gutgläubiger Erwerb zum Schaden rückaufgewerteter Rechte nach dem 1. Juli 1925 nicht möglich ist, welche Sicherung die Reichsregierung allerdings außer Kraft setzen kann, was sie aber natürlich nicht von heute auf morgen tun wird.

Die gelöschte Hypothek ist nach § 20 nur in Höhe des abgewerteten Goldmarkbetrages wieder einzutragen.

10. Die Aufwertung wird, was § 76 Abs. 2 bestimmt, durch einen Vergleich in der Rückwirkungsfrist des § 15 (15. Juni 1922 bis 14. Februar 1924) nicht ausgeschlossen. Der Hypothekar verliert also seinen Anspruch auf Rückaufwertung nicht dadurch, daß er die Leistung in der Rückwirkungsfrist nicht nur angenommen, sondern damit auch einen von ihm selbst gewollten Vergleich getätigt hat. Der gezahlte Betrag ist, wie das § 18 für die Rückaufwertung schlechthin bestimmt, zum Goldmarkbetrag anzurechnen.

Ebensowenig kann nach § 68 Abs. 2 die Rückaufwertung durch ein rechtskräftiges Urteil ausgeschlossen werden.

11. Hat der Gläubiger eine Leistung nach dem 13. Februar 1924, also während der Geltungszeit der 3. St.N.VO., angenommen, so gibt ihm § 78 den Anspruch auf Zusatzaufwertung in Höhe der Mehraufwertung des neuen Gesetzes. Diese kann sowohl im höheren Aufwertungssatz bestehen, kann sich aber auch aus der günstigeren Wertberechnung ergeben, oder auf der Vorschrift des § 10 Ziff. 5 (Erwerbstag der Kaufgeldforderung) beruhen (letzteres gegenüber § 7 Abs. 1 Ziff. 3 der I. Durchf.VO.). Dem Antrag auf Zusatzaufwertung kann der Schuldner nicht den Einwand der rechtskräftig entschiedenen Sache entgegensetzen (§ 78 S. 2). Die Zusatzaufwertung hat der Gläubiger wie die Rückaufwertung (nach § 16) bis zum 1. Januar 1926 anzumelden, wogegen der Schuldner

*) Zuvor rechtfertigt sich die Anfrage beim Eigentümer, ob er in die Wiedereintragung nach § 16 Abs. 2 S. 1 einwillige.

hier, ebenso wie dort, befristeten Einspruch erheben kann, und auch wegen der Wiedereintragung und des Schutzes gegen zwischenzeitliche Eintragungen ist auf die Bestimmungen bei Rückaufwertung verwiesen (§ 78 S. 3).

12. Wegen der Zuständigkeit der Aufwertungsstelle wird auf §§ 69 ff. sowie auf die Reichs-VO. über die Einrichtung und das Verfahren der Aufwertungsstellen vom 21. Juli 1925 (RGBl. I S. 154) verwiesen. Als Rechtsmittel gilt nicht mehr nur eine Rechtsbeschwerde (so § 9 Abs. 4 3.St.N.VO.), vielmehr kann zunächst auch zur tatsächlichen Prüfung das Landgericht mit der sofortigen Beschwerde angerufen werden, die binnen zwei Wochen seit Bekanntmachung schriftsätzlich oder zum Protokoll des Gerichtsschreibers zu erheben ist, und zwar entweder beim LG. oder bei der Aufwertungsstelle (§ 21 Freiw.GG.) oder auch bei irgendeinem anderen Amtsgericht (§ 6 S. 2 der VO. vom 21. Juli 1925). Wer von der Entscheidung des Landgerichts beeinträchtigt ist, kann mit der Rüge einer Rechtsverletzung weitere sofortige Beschwerde beim Oberlandesgericht führen. In Preußen ist nach Art. I der VO. vom 27. August 1925 (GO. S. 109) ausschließlich das Kammergericht zuständig. Nach Abs. 2 des § 74 ist analog § 566 a ZPO. Sprungrevision gegen die Entscheidung der Aufwertungsstelle unmittelbar beim OLG. zulässig. Vollstreckbar ist die Entscheidung der Aufwertungsstelle nur, soweit über Kosten gemäß § 76 oder auf Grund vereinbarter Zuständigkeit (§ 71) entschieden ist (§ 75).

Grundsätzlich ist zu beachten, daß die Zuständigkeit der Aufwertungsstelle nach § 69 sich nicht auf den Bestand des Anspruchs (also auch nicht, ob Vorbehalt oder Zahlung innerhalb Rückwirkungsfrist vorliegt) erstreckt, auch nicht auf die Höhe des aufzuwertenden Nennbetrags, sondern daß sie auf Streitigkeiten darüber beschränkt ist, wie hoch Ansprüche aufgewertet oder aufzuwerten sind, wozu auch die Feststellung gehört, ob einer der Treuaufwertungsfälle des § 10 vorliegt. Wegen des Bestands der Forderung ist im ordentlichen Rechtswege zu streiten.

D. Rechtsbehelfe des Inflationsveräußerers.

Schon oben ist davon gesprochen worden, daß der Gesetzgeber billigerweise auch die Aufwertung der Kaufpreise aus notgedrungenen Inflationsverkäufen hätte berücksichtigen müssen. So, wie das Gesetz jetzt vorliegt, kann nur denen geholfen werden, die den Papiermarkpreis seinerzeit nicht vollständig ausgezahlt bekommen und dafür eine Restkaufgeld-Hypothek erworben haben. Das Aufrollen auch der Fälle, wo der Veräußerer in geringen Goldmarkbeträgen voll bezahlt worden ist, wäre um so notwendiger gewesen, als diese unglücklichen Opfer versucht haben und noch versuchen werden, mit Hilfe der allgemeinen Rechtsbestimmungen des BGB. im Prozeßwege einen Teil des Schadens gutzumachen. Der Staat kann nicht ruhig ansehen, wie sich diese Prozeßnot weiter auswachsen wird, und er kann dies um so weniger verantworten, als seine Inflations- und Mietenpolitik der Grund zu den meisten Verschleuderungsverkäufen gewesen ist.

Die Mittel und Wege, die das gegenwärtige Recht diesen Inflationsopfern bietet, sind sehr zweifelhafter Natur.

Handelt es sich um Schwarzverkäufe, bei denen ein anderer Preis beurkundet als verabredet ist, so ist zu berücksichtigen, daß zwar kein nach § 313 BGB. formgültiger Kaufvertrag über den richtigen Preis getätigt ist, indes heilt nach Abs. 2 das. die Eintragung den Formmangel.

Anders liegen nur die Fälle, wo es einer Genehmigung der Gemeindebehörde zum Kaufe bzw. zur Vollziehung des Kaufes bedurfte, wie nach dem Preuß. Sperrgesetz vom 10. Februar 1923 (GS. S. 25), abgeändert durch Gesetz vom 20. Juli 1925. Ist die Eintragung des neuen Eigentümers in Preußen nach dem 16. Februar 1923, d. i. dem Inkrafttreten des Sperrgesetzes, erfolgt, so war sie genehmigungspflichtig, sofern nicht der Kauf — und zwar ein Kauf im Rechtssinne — vorm 1. Januar 1923 getätigt war. Wer also schwarz verkauft hat (gleichgültig, ob vor oder nach dem 1. Januar 1923) kann, sofern nicht der Erwerber vor dem 16. Februar 1923 eingetragen ist, sein Eigentum noch jetzt geltendmachen und den Käufer auch auf Rückauflassung mangels eines gültigen Kaufs und mangels rechtsgültigen Erwerbs des Eigentums durch den Käufer verklagen. Aber auch hier ist das Schicksal der Klage zweifelhaft, denn der Käufer wird versuchen, die Genehmigung des Gemeindevorstands nachträglich einzuholen, in welchem Falle das bisher schwebend wirksame Geschäft volle Gültigkeit erlangt. Daß das Geschäft nicht nichtig ist, was allerdings seine Heilung ausschließen würde, hat das Reichsgericht in Entsch. vom 8. Juli 1925 (V. 603/24) festgestellt, ebenso daß die Genehmigung der Gemeindebehörde jederzeit nachträglich erfolgen könne. Der Veräußerer wird sich auch nicht damit helfen können, daß er die nach § 6 Ziff. 2 des preuß. Sperrgesetzes von beiden Vertragsteilen erforderte Versicherung der Richtigkeit des Vertrages verweigert, denn es dürfte arglistig erscheinen, wenn er die Beseitigung des Hindernisses der Gültigkeit ablehnt, obwohl (wie das meist der Fall war) gerade auf seine Veranlassung, nämlich zur Ersparnis der Wertzuwachssteuer, der Kaufpreis unrichtig angegeben wurde. Indes wird die Genehmigung auch nachträglich zu versagen sein, wenn einer der Gründe des § 4 zit. vorliegt, aus denen von vornherein nicht genehmigt worden wäre, und dazu gehört der Fall (Ziff. 3), daß der Kaufpreis erheblich hinter dem Werte zurückbleibt.

Auch auf die Nichtigkeit des Vertrages wegen Verstoßes gegen die guten Sitten nach § 138 BGB. wird sich der Veräußerer im Regelfalle nicht berufen können. Es genügt für die Anwendung dieser Bestimmung keineswegs, daß ein Mißverhältnis zwischen Leistung und Gegenleistung vorliegt, vielmehr müssen besondere Umstände hinzukommen, die als Ursache dieser Divergenz eine Arglist des Erwerbers, wie z. B. das Ausbeuten einer erkannten Geistesschwäche, erscheinen lassen. So Reichsgericht in Bd. 93 S. 28, Bd. 72 S. 61, sowie in Jur. Woch. 1909 S. 716. Im Falle der in Jur. Woch. 1923 S. 922 Ziff. 6 mitgeteilten RG.-Entsch. handelte es sich z. B. um die listige Ausbeutung der Schwäche und Ängstlichkeit einer Partei, die der Erwerber unter dem Deckmantel angeblicher Fürsorge auszunutzen wußte. In Bd. 93 S. 28 (Urt. vom 6. Mai 1918) läßt das RG. als das besondere Moment, das zum Mißverhältnis beider Leistungen hinzukommen muß, die unerlaubte und unsittliche Ausnutzung der allgemeinen Schwierigkeiten des Geld- und Arbeitsmarkts genügen, die durch den alle Wirtschaftsverhältnisse erschütternden Krieg geschaffen sind (so RG. Bd. 90 S. 400; Warneyer Rspr. 1917 VI. 92/17, auch Warneyer 1917 Nr. 234).

Auch ob eine Anfechtung des Kaufvertrages wegen Rechtsirrtums zum Ziele führen kann, ist zweifelhaft. Nach § 119 BGB. ist der Irrtum im Beweggrunde unbeachtlich, vielmehr muß sich der Irrtum auf den Inhalt des Geschäfts beziehen. Immerhin läßt sich wohl in den meisten Fällen sagen, daß der Verkäufer eine völlig falsche Vorstellung von dem Kaufe in bezug auf die Äquivalenz der Leistungen hatte, und daß er als verständiger Mensch bei richtiger Vorstellung des Geschäftsinhalts das Geschäft nicht getätigt hätte. Wie RG. in Bd. 75 S. 271 und Jur. Woch. 1911 S. 212 Ziff. 6 betont hat, genügt aber nicht der Irrtum über rein tatsächliche Wirkungen, die nur die wirtschaftliche Seite des Geschäfts und dessen Ersprießlichkeit betreffen. Ob als Rechtsirrtum die falsche Vorstellung über die Aufwertungsgrundsätze angesehen werden kann, muß ebenfalls zweifelhaft erscheinen, und es ist ratsam, daß erst spezielle Entscheidungen über die Frage abgewartet werden.

In einer Entscheidung vom 11. Juli 1925 — V 130/25 — („Wirtsch. u. Recht", Beil. d. „D. Allg. Ztg.", Nr. 39) hat das Reichsgericht im Gegensatz zum OLG. Dresden den Irrtum über die Kaufkraft des Geldes nicht als Irrtum über eine Eigenschaft des Geldes i. S. von § 119 Abs. 2 BGB. gelten lassen, sondern als unbeachtlich, weil nur als Motiv wirksame, falsche Einschätzung des Geldwerts.

E. Ausblick in die Zukunft.

Mit dem Hinweis, daß doch endlich eine Beruhigung eintreten müsse, und daß man niemals allen Interessen gleichmäßig und gleichzeitig gerecht werden könne, und daß doch das neue Gesetz immerhin ein anständiger und mühsam erkämpfter Kompromißversuch ist, läßt sich nichts anfangen. Es handelt sich dabei auch gar nicht um die Vertretung parteilicher Interessen, sondern um die Wahrung des Rechts. Es handelt sich darum, ob die Erkenntnisse des Reichsgerichts über Treu und Glauben in der Aufwertungsfrage von unserem parlamentarischen System tatsächlich niedergerungen werden können. Eine Beruhigung, die durch Verletzung der Rechtsidee erreicht werden soll, ist nicht zu denken.

Aus der vorangegangenen Darstellung ergibt sich, daß insbesondere der Gedanke unerträglich ist, die Expropriierung der Gläubiger habe ihr Ziel nur in der Bereicherung der Schuldner. Hier muß der Hebel angesetzt werden, und es muß insbesondere erreicht werden, den Hypothekaren diejenigen Vorteile zu sichern, die das Eigenkapital, wie oben ausgeführt ist, mit dem Gesetz bereits erkämpft hat. Es gilt also m. E., eine höhere Verzinsung, und zwar ebenfalls, wie nach § 7, die übliche Verzinsung zu erlangen und ferner Rangvorbehalte für die Erhöhung der Aufwertungsbeträge, die bei Rückgang des jetzt üblichen Zinsfußes ohne Schaden für die Mietwirtschaft durchführbar ist.

Für die Heraufsetzung der Aufwertungsbeträge kann auf die Schaffung der Kredithypotheken für den Eigentümer nach § 7 des Gesetzes zurückgegriffen werden. Der Gedanke, dem Eigentümer die Möglichkeit zur Aufnahme neuen Kredits zu verschaffen, mag an sich richtig sein, nachdem sich die Zwangswirtschaft als eine Kreditsperre ausgewirkt hatte, und es mag also vertretbar sein, daß dem Eigentümer Rangstellen zu diesem Zweck vorbehalten worden sind, wenn auch lediglich auf die Befriedigung von Bedürfnissen des Grundstücks hätte abgestellt werden sollen — indes können diese Rangstellen nicht eine dauernde Bereicherung des Eigentümers darstellen, wenn anders nicht die Abwertung als ein rein privatwirtschaftliches Manöver erscheinen soll. Deshalb werden die Gläubiger mit Recht erwarten können, daß das Gesetz, wenn überhaupt, insoweit verbessert und gerechter gestaltet wird, als die neuen Kredithypotheken lediglich als Tilgungshypotheken zugelassen werden, die am 1. Januar 1932 zurückgezahlt sein müssen und den ihnen vorangehenden Aufwertungshypotheken Platz zu machen haben, so daß diese sich von 25% ihres ursprünglichen Wertes auf 50% erweitern.

Diese Valorisierung auf die doppelten Beträge würde, ohne jemanden seiner bisherigen wirtschaftlichen Stellung gegenüber schaden zu können, die Härte der Konfiszierung der Gläubigervermögen im Dienste der Gerechtigkeit wesentlich abschwächen. Gelegenheit dazu böte sich ohnehin, wenn die recht zweifelhafte Verfassungsmäßigkeit des Aufwertungsgesetzes endgültig in Abrede gestellt werden sollte.*)

Die Verfassungsmäßigkeit des Gesetzes steht deshalb in Zweifel, weil dieses Gesetz den Grundsatz der Verfassung, in die Freiheit der Verträge mit gesetzlichem Zwange nur dann einzugreifen, wenn überragende Forderungen des Gemeinwohls dies gebieten (Art. 151, 152), abgeändert hat, ohne daß die für Verfassungsänderungen nach Art. 76 erforderliche Zweidrittel-Mehrheit dem Gesetze zugestimmt hat. Es ist mit 230 gegen 197 Stimmen bei Enthaltung einer Stimme gegen die Stimmen der Völkischen, Demokraten, Sozialdemokraten**) und Kommunisten angenommen worden. Bei einer Anwesenheit von 428 Abgeordneten hätten 286 Stimmen für Annahme abgegeben werden müssen, also 56 Stimmen mehr, als tatsächlich abgegeben worden sind.

---

*) Die SPD. hat sich erst sehr spät für eine Aufwertung zugunsten der Gläubiger entschieden, während sie anfangs, was für die ganze Bewegung von erheblich bestimmendem Einfluß war, ihre ablehnende Haltung damit begründet hat, daß nur eine „allgemeine Aufwertung zugunsten der Allgemeinheit“ zugelassen werden könne („Vorwärts“ Nr. 87 und Nr. 92 vom 21. bzw. 23. 2. 1924).

**) Das Plenum der Zivilsenate hat am 22. Februar 1919 dem deutschen Richter das Recht zugestanden, alle Gesetze auf ihre Verfassungsmäßigkeit zu prüfen (D. Richter-Ztg. 1924 Sp. 424). Jedenfalls ist dies die Auslegung jenes im Entsch. Bd. 107 S. 320 f. abgedruckten Beschlusses durch den Reichsgerichtspräsidenten W. Simons.

Was die Erhöhung des mit der heutigen und, soweit absehbar, auch künftigen Wirtschaftslage kontrastierenden Zinsfußes anlangt, so sind die Gläubiger erheblich daran interessiert, die Verwendung der Hauszinssteuer zu anderen als Wohnzwecken aus dem Gesetz, nämlich dem Finanzausgleichsgesetz, herauszubringen. Wird damit der mindestens 20%ige Teil der Friedensmiete wieder frei, so ermöglicht das bei gleichbleibender Aufwertungshöhe, wie oben gezeigt ist, eine Verdreifachung des Zinssatzes.

F. Gesetzestexte.

Gesetz über die Aufwertung von Hypotheken und anderen Ansprüchen (Aufwertungsgesetz)

Vom 16. Juli 1925 (RGBl. I S. 117 ff.)

Der Reichstag hat das folgende Gesetz beschlossen, das mit Zustimmung des Reichsrats hiermit verkündet wird:

Erster Abschnitt.

Allgemeine Bestimmungen

I. Gegenstand der Aufwertung

§ 1. (1) Ansprüche, die auf vor dem 14. Februar 1924 begründeten Rechtsverhältnissen beruhen und die Zahlung einer bestimmten in Mark oder einer anderen nicht mehr geltenden inländischen Währung ausgedrückten Geldsumme zum Gegenstande haben, werden nach Maßgabe dieses Gesetzes aufgewertet, wenn sie durch den Währungsverfall betroffen sind. Dies gilt nicht, wenn der verbliebene Goldwert das für die Aufwertung vorgesehene Maß erreicht oder übersteigt.

(2) Soweit die Aufwertung durch ein Sondergesetz geregelt ist, finden die Vorschriften dieses Gesetzes keine Anwendung.

II. Berechnung des Goldmarkbetrages als Grundlage der Aufwertung

§ 2. (1) Als Goldmarkbetrag gilt bei Ansprüchen, die vor dem 1. Januar 1918 erworben sind, der Nennbetrag. Ist der Anspruch später erworben, so wird der Goldmarkbetrag dadurch festgestellt, daß der Nennbetrag, im Falle des entgeltlichen Erwerbes der Erwerbspreis, nach Maßgabe des Wertverhältnisses umgerechnet wird, das in der Anlage zu diesem Gesetze für den Tag des Erwerbes bestimmt ist; ist ein Umrechnungsverhältnis für diesen Tag nicht bestimmt, so ist das letzte vorhergehende Umrechnungsverhältnis maßgebend. An Stelle des Erwerbspreises ist der Nennbetrag der Berechnung zugrunde zu legen, wenn er, nach dem Zeitpunkt der Begründung des Anspruchs in Goldmark umgerechnet, niedriger ist. Ein Erwerb, der nach dem 13. Februar 1924 stattgefunden hat, bleibt für die Berechnung des Goldmarkbetrags außer Betracht.

(2) Für Industrieobligationen, Pfandbriefe, Rentenbriefe, Kommunalobligationen und andere verzinsliche oder an Stelle der Verzinsung mit einem Aufgeld rückzahlbare Schuldverschreibungen, die auf den Inhaber lauten oder durch Indossament übertragbar sind, gilt, wenn sie vor dem 1. Januar 1918 ausgegeben sind, als Goldmarkbetrag der Nennbetrag. Sind die Schuldverschreibungen später ausgegeben, so wird der Nennbetrag nach Maßgabe des Wertverhältnisses umgerechnet, das in der Anlage zu diesem Gesetze für den

Tag der Ausgabe bestimmt ist; ist ein Umrechnungsverhältnis für diesen Tag nicht bestimmt, so ist das letzte vorhergehende Umrechnungsverhältnis maßgebend. Die näheren Bestimmungen über die Feststellung des Ausgabetages trifft die Reichsregierung.

§ 3. (1) Für die Berechnung des Goldmarkbetrags ist maßgebend:

1. soweit in Ziffer 2 bis 11 nichts Abweichendes bestimmt ist, der Erwerb durch den Gläubiger selbst;
2. bei Erwerb von Todeswegen der Erwerb durch den Erblasser;
3. bei Erwerb durch Gütergemeinschaft der Erwerb durch den Ehegatten, der das Recht in die Gütergemeinschaft eingebracht hat;
4. bei Erwerb durch Auseinandersetzung einer Erbengemeinschaft oder einer Gütergemeinschaft der Erwerb durch die Gemeinschaft;
5. bei Erwerb als Ausstattung der Erwerb durch Vater oder Mutter;
6. bei Erwerb mit Rücksicht auf ein künftiges gesetzliches Erbrecht der Erwerb durch den Veräußerer;
7. bei Erwerb auf Grund eines Treuhandverhältnisses der Erwerb durch den Geschäftsherrn oder, wenn zuerst der Treuhänder das Recht erworben hat, der Erwerb durch den Treuhänder;
8. bei Erwerb durch Übernahme eines Vermögens als Ganzen der Erwerb durch den Veräußerer;
9. bei Erwerb durch Übernahme eines der Deckung von Pfandbriefen dienenden Hypothekenbestandes als Ganzen der Erwerb durch den Veräußerer;
10. bei Erwerb durch Übernahme eines Versicherungsbestandes oder bei durch Währungsschwierigkeiten bedingter Übernahme einzelner Versicherungen durch eine andere Versicherungsunternehmung der Erwerb durch die übertragende Versicherungsunternehmung;
11. bei Erwerb durch Schenkung der Erwerb durch den Schenker.

(2) Änderungen des Inhalts des Rechtes, insbesondere die Hinausschiebung der Fälligkeit (Prolongation), bleiben für die Berechnung des Goldmarkbetrags außer Betracht. Ist im Falle der Gewährung eines Zusatzdarlehns oder aus anderen Gründen unter Aufhebung des bisherigen Rechtes zugunsten desselben Berechtigten ein neues einheitliches Recht begründet, so gilt für den bisherigen Betrag diese Vorschrift entsprechend.

Zweiter Abschnitt.

Aufwertung von Hypotheken

I. Aufwertung des dinglichen Rechtes

1. Aufwertungsbetrag

§ 4. Hypotheken werden auf 25 vom Hundert des Goldmarkbetrags, jedoch nicht höher aufgewertet als die durch sie gesicherten Forderungen (Aufwertungsbetrag).

§ 5. (1) Für die Berechnung des Goldmarkbetrags (§ 2) wird vermutet, daß die Hypothek an dem Tage erworben ist, an dem sie für den Gläubiger in das Grundbuch eingetragen ist. Ist die Hypothek durch Abtretungserklärung und Übergabe des Briefes abgetreten, so wird vermutet, daß sie an dem Ausstellungstage der Abtretungsurkunde erworben ist.

(2) Die an Stelle einer Rangänderung vorgenommene Abtretung oder Neueintragung bleibt für die Berechnung des Goldmarkbetrags außer Betracht. Das gleiche gilt, wenn eine Hypothek deshalb gelöscht und alsbald wieder eingetragen ist, weil nach landesgesetzlicher Vorschrift bei einem Eigentumswechsel die Beseitigung aller auf dem Grundstück ruhenden Lasten geboten ist;

es gilt ferner im Falle der Auswechslung des belasteten Grundstücks gegen ein anderes Grundstück desselben Eigentümers.

(3) Der Goldmarkbetrag einer Hypothek für die Forderung aus einer verzinslichen oder an Stelle der Verzinsung mit einem Aufgeld rückzahlbaren Schuldverschreibung, die auf den Inhaber lautet oder durch Indossament übertragbar ist, wird nach den für die Forderung geltenden Vorschriften des § 2 Abs. 2 berechnet.

2. Rang der aufgewerteten Hypotheken

§ 6. (1) Die aufgewertete Hypothek behält ihren bisherigen Rang, soweit sich nicht aus den Vorschriften über den Rangvorbehalt für den Eigentümer (§ 7) oder über die Rückwirkung (§§ 20, 21) etwas anderes ergibt. Die Aufwertung der Hypothek ist auf Antrag des Gläubigers oder des Eigentümers in das Grundbuch einzutragen; wird der Antrag vom Eigentümer gestellt, so bedarf es der Vorlegung des Hypothekenbriefes nicht.

(2) Den in der Zeit vom 14. Februar 1924 bis zum 1. Oktober 1924 von einem anderen erworbenen oder für ihn vorgemerkten Rechten geht die Hypothek insoweit im Range nach, als sich nach den Vorschriften dieses Gesetzes gegenüber den Vorschriften der Dritten Steuernotverordnung ein höherer Aufwertungsbetrag ergibt. Die Erhöhung bleibt unberücksichtigt, soweit sie auf der Einführung des Umrechnungsverhältnisses (§ 2) beruht.

3. Rangvorbehalt für den Eigentümer

§ 7. (1) Der Eigentümer ist befugt, im Range nach dem an erster Stelle eingetragenen aufgewerteten Rechte und vor den diesem nachgehenden Rechten eine Hypothek oder Grundschuld in Höhe von 25 vom Hundert des Goldmarkbetrags des aufgewerteten Rechtes mit dem üblichen Zinsfuß eintragen zu lassen. Liegt der Goldmarkbetrag eines aufgewerteten, im Range nachgehenden Rechtes in voller Höhe innerhalb der für die Anlegung von Mündelgeld geltenden Sicherheitsgrenze, so ist der Eigentümer befugt, auch im Range nach diesem Rechte und vor den diesem im Range nachgehenden Rechten eine Hypothek oder Grundschuld in Höhe von 25 vom Hundert des Goldmarkbetrags mit dem üblichen Zinsfuß eintragen zu lassen. Sind in unmittelbarem Zusammenhang mit dem an erster Stelle eingetragenen aufgewerteten Recht zugunsten desselben Gläubigers andere aufgewertete Rechte eingetragen, so gelten, sofern der Gläubiger ein öffentlich-rechtliches oder unter Staatsaufsicht stehendes Unternehmen ist, das nach Gesetz oder Satzung bestimmte Beleihungsgrenzen einzuhalten hatte, die Rechte zusammen im Sinne dieser Vorschrift als ein einheitliches an erster Stelle eingetragenes Recht.

(2) Soweit es bei der Beurteilung der Mündelsicherheit auf das Verhältnis des Rechtes zum Grundstückswert ankommt, ist als Grundstückswert der berichtigte Wehrbeitragswert (Artikel II § 3 Abs. 1 Ziffer 1 der Zweiten Steuernotverordnung vom 19. Dezember 1923, Reichsgesetzbl. I S. 1205) oder, soweit ein berichtigter Wehrbeitragswert nicht festgestellt ist, der unter entsprechender Anwendung der bezeichneten Vorschriften durch die Aufwertungsstelle zu ermittelnde Wehrbeitragswert zugrunde zu legen.

(3) Die Befugnis, an der vorbehaltenen Rangstelle eine Hypothek oder Grundschuld eintragen zu lassen (Abs. 1) wird, auch solange die Befugnis nicht eingetragen ist, dadurch nicht berührt, daß ein im Range nachgehendes Recht von einem Dritten erworben ist. Die Befugnis ist bei der Eintragung der Aufwertung von Amts wegen, auf Antrag des Eigentümers auch früher, in das Grundbuch einzutragen.

(4) Bestehen an dem Grundstück Rechte, die auf Reichsmark, eine ausländische Währung, auf Feingold, Roggen oder einen anderen wertbeständigen Maßstab lauten, so nehmen sie in der Reihenfolge ihres Ranges die für den Eigentümer vorbehaltene Rangstelle ein. Der Gläubiger eines solchen Rechtes kann an Stelle des Eigentümers die Eintragung des Rechtes an der dem

Eigentümer vorbehaltenen Rangstelle beantragen. Die Reichsregierung wird ermächtigt, Vorschriften zur Berechnung des Goldmarkwerts dieser Rechte zu erlassen.

(5) Der Eigentümer kann mit Zustimmung der im Abs. 4 bezeichneten Gläubiger auf die Befugnis, an der vorbehaltenen Rangstelle eine Hypothek oder Grundschuld eintragen zu lassen (Abs. 1), verzichten. Der Verzicht bedarf zu seiner Wirksamkeit der Eintragung in das Grundbuch. Soweit ein Verzicht erfolgt ist, findet die Vorschrift des Abs. 4 keine Anwendung.

4. Herabsetzung der Aufwertung

§ 8. (1) Der Eigentümer kann eine Herabsetzung der Aufwertung um höchstens 10 vom Hundert des Goldmarkbetrags verlangen, wenn dies mit Rücksicht auf seine wirtschaftliche Lage zur Abwendung einer groben Unbilligkeit unabweisbar erscheint. Die Herabsetzung der Aufwertung ist nur zulässig, wenn das Verlangen vor dem 1. April 1926 bei der Aufwertungsstelle gestellt wird. In den Fällen der §§ 203, 204, 206, 207 des Bürgerlichen Gesetzbuches kann das Verlangen noch bis zum Ablauf von drei Monaten nach Fortfall des Hindernisses gestellt werden.

(2) Ist die Herabsetzung der Aufwertung rechtzeitig bei der Aufwertungsstelle beantragt, so ist auf Antrag des Eigentümers ein Widerspruch in das Grundbuch einzutragen. Die Eintragung des Widerspruchs setzt die Eintragung der Aufwertung nicht voraus.

II. Aufwertung der persönlichen Forderung

§ 9. Die durch die Hypothek gesicherte persönliche Forderung wird nach Maßgabe der für das dingliche Recht geltenden Vorschriften der §§ 4, 5, 8 aufgewertet. (Normaler Höchstsatz.)

§ 10. (1) Eine höhere oder geringere Aufwertung der persönlichen Forderung nach allgemeinen Vorschriften unter Abweichung von dem normalen Höchstsatz ist unbeschadet der Herabsetzung nach § 8 nur zulässig,

1. wenn die Forderung auf einem Gesellschaftsvertrag oder einem anderen Beteiligungsverhältnis, oder
2. auf einem Gutsüberlassungsvertrag oder auf den Beziehungen aus der Auseinandersetzung unter Miterben, unter Ehegatten, unter geschiedenen Ehegatten, unter Eltern und Kindern oder zwischen Erben und Pflichtteilsberechtigten oder Vermächtnisnehmern, oder
3. auf den Beziehungen zwischen unterhaltsberechtigten und unterhaltsverpflichteten Personen beruht;
4. wenn es sich um eine Forderung auf wiederkehrende Leistungen handelt, die bei Abfindungen, Auseinandersetzungen, Überlassungen oder ähnlichen Rechtsvorgängen begründet ist;
5. wenn es sich um eine Kaufgeldforderung (Kaufgeld für den Erwerb des mit der Hypothek belasteten Grundstücks) handelt, die nach dem 31. Dezember 1908 begründet worden ist; dies gilt auch dann, wenn die Kaufgeldforderung bei ihrer Begründung in eine Darlehnsforderung umgewandelt worden ist;
6. bei Forderungen anderer als der in Ziffer 1 bis 5 bezeichneten Art, wenn die Hypothek eine Sicherungshypothek ist, mit Ausnahme von Darlehnsforderungen.

(2) Als allgemeine Vorschriften im Sinne dieser Bestimmungen gelten auch die Vorschriften der §§ 63 bis 66.

(3) In den Fällen des Abs. 1 Ziffer 5 und bei Gutsüberlassungsverträgen (Abs. 1 Ziffer 2) darf bei der Aufwertung nach allgemeinen Vorschriften, wenn die Forderung vor dem 1. Januar 1912 begründet worden ist, der Satz von 75 vom Hundert und, wenn sie vor dem 1. Januar 1922 begründet worden

ist, der Satz von 100 vom Hundert des Goldmarkbetrags der Forderung nicht überschritten werden.

§ 11. In den Fällen des § 10 Ziffer 1 bis 5 ist eine Abweichung von dem normalen Höchstsatz unzulässig, wenn die Forderung vor dem 14. Februar 1924 von dem ursprünglichen Gläubiger auf einen anderen übergegangen ist, es sei denn, daß es sich um einen Rechtsübergang der im § 3 Abs. 1 Ziffer 2 bis 11 bezeichneten Art handelt.

§ 12. Eine Abweichung von dem normalen Höchstsatz ist nur zulässig, wenn sie vor dem 1. April 1926 bei der Aufwertungsstelle beantragt ist. In den Fällen der §§ 203, 204, 206, 207 des Bürgerlichen Gesetzbuchs kann der Antrag noch bis zum Ablauf von drei Monaten nach Fortfall des Hindernisses gestellt werden.

§ 13. In die Bilanz ist die Forderung, unbeschadet der Vorschrift des § 38 der Dritten Steuernotverordnung, als Aktivum oder Passivum mit einem Betrage einzustellen, der unter Zugrundelegung des normalen Höchstsatzes errechnet wird, sofern nicht durch abweichende Vereinbarung oder durch rechtskräftige Entscheidung der Aufwertungsstelle eine höhere oder geringere Aufwertung bestimmt ist.

III. Aufwertung bei Vorbehalt der Rechte — Rückwirkung

1. Vorbehalt der Rechte

§ 14. Trotz der Bewirkung der Leistung findet die Aufwertung statt, wenn der Gläubiger sich bei der Annahme der Leistung seine Rechte vorbehalten hat. Liegt diese Voraussetzung für die persönliche Forderung vor, so wird neben dieser auch die Hypothek aufgewertet; dies gilt nicht, wenn der Gläubiger sich seiner Rechte auf Aufwertung der Hypothek ausdrücklich begeben hat. Liegt die Voraussetzung für die persönliche Forderung nicht vor, so findet auch eine Aufwertung der Hypothek nicht statt.

2. Rückwirkung

§ 15. Hat der Gläubiger die Leistung in der Zeit vom 15. Juni 1922 bis zum 14. Februar 1924 angenommen, so findet eine Aufwertung der Hypothek und der persönlichen Forderung auch dann statt, wenn der Gläubiger sich bei der Annahme der Leistung seine Rechte nicht vorbehalten hat (Rückwirkung). Die Aufwertung kraft Rückwirkung findet nicht statt, soweit sie, ganz oder zum Teil,

1. für den Eigentümer des belasteten Grundstücks oder für den persönlichen Schuldner mit Rücksicht auf seine wirtschaftliche Lage, insbesondere auch auf erhebliche, auf den Währungsverfall oder die Verdrängung der Liquidation des Vermögens zurückzuführende Vermögensverluste, oder
2. für den persönlichen Schuldner mit Rücksicht auf die Höhe des bei der Veräußerung des belasteten Grundstücks erzielten Erlöses oder mit Rücksicht darauf, daß das belastete Grundstück nicht mehr im Inland liegt und deshalb die Inanspruchnahme des Eigentümers wesentlich erschwert ist, oder
3. deshalb für den Eigentümer des belasteten Grundstücks oder für den persönlichen Schuldner eine unbillige Härte bedeuten würde, weil er nachweislich durch die Kündigung des Gläubigers gezwungen wurde, Vermögensgegenstände weit unter dem wirklichen Werte zu veräußern, um die Hypothekenschuld zurückzahlen zu können.

3. Gemeinsame Vorschriften

a) Anmeldezwang

§ 16. (1) Die Aufwertung auf Grund des Vorbehalts der Rechte oder kraft Rückwirkung findet nur statt, wenn der Gläubiger den Anspruch auf Aufwertung bis zum 1. Januar 1926 bei der Aufwertungsstelle anmeldet. Die

Aufwertungsstelle hat die Anmeldung dem Eigentümer des belasteten Grundstücks und dem ihm vom Gläubiger bezeichneten persönlichen Schuldner mitzuteilen. Innerhalb einer Frist von drei Monaten seit Mitteilung der Anmeldung kann der Eigentümer und der Schuldner bei der Aufwertungsstelle Einspruch erheben.

(2) Ist die Hypothek bereits gelöscht, so findet ihre Wiedereintragung, falls sie nicht der Eigentümer bewilligt, erst statt, nachdem die Einspruchsfrist abgelaufen ist, ohne daß ein Einspruch eingelegt ist, oder nachdem durch rechtskräftige Entscheidung festgestellt ist, daß ein wirksamer Vorbehalt der Rechte vorliegt oder eine Rückwirkung stattfindet. Der Anspruch auf Wiedereintragung der Hypothek ist auf Antrag des Gläubigers durch Eintragung eines Widerspruchs zu sichern.

(3) Ist die Hypothek noch nicht gelöscht und behauptet der Eigentümer, daß nach den Vorschriften der §§ 14, 15 eine Aufwertung nicht stattfindet, so ist auf seinen Antrag ein Widerspruch in das Grundbuch einzutragen.

b) Aufwertung nach Abtretung der Hypothek

§ 17. Hat der Gläubiger die Hypothek abgetreten und die Gegenleistung nach dem 14. Juni 1922 oder unter Vorbehalt der Rechte angenommen, so wird die Hypothek und die persönliche Forderung auf der Grundlage des für ihn maßgebenden Goldmarkbetrags (§§ 2, 3), unbeschadet der Aufwertung zugunsten des Erwerbers, auch zu seinen Gunsten aufgewertet, sofern sich nicht nach dem Schlußsatz des § 2 Abs. 1 oder nach § 3 Abs. 1 Ziffer 2 bis 11 die Höhe der Aufwertung zugunsten des Erwerbers nach der Zeit des Erwerbes durch den früheren Gläubiger bestimmt. Die Vorschriften des § 16 finden Anwendung.

c) Anrechnung von Zahlungen

§ 18. (1) Findet auf Grund des Vorbehalts der Rechte oder kraft Rückwirkung eine Aufwertung statt, so sind geleistete Zahlungen in Höhe ihres Goldmarkbetrags (§§ 2, 3) auf den Aufwertungsbetrag anzurechnen. Dies gilt nicht für Zahlungen, die vor dem 15. Juni 1922 ohne Vorbehalt angenommen sind; solche Zahlungen sind zum Nennbetrag auf den Nennbetrag anzurechnen.

(2) Auf Grund der §§ 14 bis 17 wird die Hypothek außer für den gegenwärtigen Gläubiger für einen früheren Gläubiger nur insoweit aufgewertet, als der für diesen zu berechnende Aufwertungsbetrag die Gesamtheit der Aufwertungsbeträge der ihm zeitlich nachfolgenden Gläubiger übersteigt.

d) Ausschluß weitergehender Ansprüche

§ 19. Soweit im Falle der Bewirkung der Leistung eine Aufwertung nach §§ 14 bis 17 nicht stattfindet, kann sie auch wegen ungerechtfertigter Bereicherung oder auf Grund einer Anfechtung wegen Irrtums oder aus einem anderen Rechtsgrunde nicht verlangt werden. Ansprüche wegen arglistiger Täuschung bleiben unberührt.

e) Wiedereintragung gelöschter Hypotheken

§ 20. (1) Ist die Hypothek im Grundbuch bereits gelöscht, so findet ihre Wiedereintragung in Höhe der Aufwertung mit dem sich aus § 6 ergebenden Range statt, soweit nicht die Vorschriften über den öffentlichen Glauben des Grundbuchs oder über das Erlöschen von Rechten durch den Zuschlag bei der Zwangsversteigerung entgegenstehen.

(2) Die Vorschriften über den öffentlichen Glauben des Grundbuchs sind entsprechend anzuwenden, wenn in dem in § 892 Abs. 2 des Bürgerlichen Gesetzbuchs bestimmten Zeitpunkt eine dem § 29 der Grundbuchordnung entsprechende Löschungsbewilligung oder löschungsfähige Quittung bereits erteilt war oder gleichzeitig erteilt wurde.

f) Wiedereintragung des früheren Gläubigers einer umgeschriebenen oder abgetretenen Hypothek

§ 21. (1) Die Vorschriften des § 20 finden entsprechende Anwendung,

1. wenn die Hypothek zwar nicht gelöscht, aber nicht mehr für den früheren Gläubiger eingetragen, z. B. als Grundschuld auf den Eigentümer oder im Falle der Abtretung (§ 17) auf den Erwerber umgeschrieben ist;
2. wenn die Hypothek noch für den früheren Gläubiger eingetragen ist, das Gläubigerrecht eines anderen sich jedoch aus § 1155 des Bürgerlichen Gesetzbuchs ergibt.

(2) Der Aufwertungsbetrag des früheren Gläubigers geht dem Aufwertungsbetrage des gegenwärtigen Gläubigers und den diesem im Range gleichstehenden oder nachgehenden Rechten im Range nach.

g) Schutz gegen zwischenzeitliche Eintragungen

§ 22. (1) In den Fällen der §§ 20, 21 steht der Eintragung des Aufwertungsbetrags an der bisherigen Rangstelle der öffentliche Glaube des Grundbuchs und die Vorschrift des § 21 Abs. 2 insoweit nicht entgegen, als nach dem 1. Januar 1925 Rechte durch den Eigentümer, seinen Ehegatten vor oder während der Ehe, durch seine oder seines Ehegatten Verwandten auf- oder absteigender Linie, durch seine oder seines Ehegatten voll- oder halbbürtigen Geschwister oder durch den Ehegatten einer dieser Personen erworben sind; dies gilt nicht, wenn der Erwerber beweist, daß ihm zur Zeit des Erwerbes eine Absicht des andern Teiles, das Recht des Gläubigers zu beeinträchtigen, nicht bekannt war oder wenn das Recht vor dem 1. Juni 1925 auf einen nicht zum Kreise dieser Personen gehörenden Dritten übergegangen ist.

(2) Der Eintragung des Aufwertungsbetrags an der bisherigen Rangstelle steht der öffentliche Glaube des Grundbuchs und die Vorschrift des § 21 Abs. 2 nur insoweit entgegen, als der Zeitpunkt des Erwerbes eines Rechtes an dem Grundstück oder der im § 892 Abs. 2 des Bürgerlichen Gesetzbuchs bestimmte Zeitpunkt vor dem 1. Juli 1925 liegt. Die Reichsregierung bestimmt den Zeitpunkt, mit dem diese Vorschrift außer Kraft tritt.

(3) Bis zum 31. Dezember 1925 kann der Gläubiger des aufgewerteten Rechtes Verfügungen, die der Eigentümer nach der Löschung oder Umschreibung des Rechtes seit dem 1. Januar 1925 über das belastete Grundstück getroffen hat, anfechten, wenn die Verfügungen in der dem anderen Teile bekannten Absicht, die Eintragung des aufgewerteten Rechtes an der bisherigen Rangstelle zu vereiteln, vorgenommen sind. Die Vorschriften der §§ 6 bis 9, des § 11 Abs. 1 bis 3 und des § 13 des Gesetzes vom 21. Juli 1879 in der Fassung der Bekanntmachung vom 20. Mai 1898 (Reichsgesetzbl. S. 709) finden entsprechende Anwendung. An die Stelle der im § 13 Abs. 4 bezeichneten Fristen tritt eine Frist von sechs Monaten seit der Beendigung des Konkursverfahrens.

§ 23. (1) Ist vor der Wiedereintragung der aufgewerteten Hypothek im Grundbuch des belasteten Grundstücks eine Gesamthypothek eingetragen worden, die nach den Vorschriften des § 20 der aufgewerteten Hypothek im Range vorgeht, so hat auf Antrag des Gläubigers der aufgewerteten Hypothek die Aufwertungsstelle den Betrag zu bestimmen, der auf die mitverhafteten Grundstücke entfallen würde, wenn eine angemessene Verteilung der Gesamthypothek stattfände. In Höhe dieses Betrags hat der Gläubiger der Gesamthypothek dem Gläubiger der aufgewerteten Hypothek den Vorrang einzuräumen.

(2) Der Antrag kann nur bis zum 1. Januar 1926 gestellt werden. In den Fällen der §§ 203, 204, 206, 207 des Bürgerlichen Gesetzbuches ist der Antrag noch bis zum Ablauf von drei Monaten nach Fortfall des Hindernisses zulässig.

hh) Berücksichtigung eines landesrechtlichen Sonderfalls

§ 24. Der Aufwertung und Eintragung nach den Vorschriften der §§ 14 bis 23 steht es nicht entgegen, daß die Hypothek aus Anlaß der Anlegung des Grundbuchs oder eines Eigentumswechsels nach landesrechtlichen Vorschriften wegen Nichtanmeldung innerhalb einer Ausschlußfrist erloschen ist.

IV. Rückzahlung, Verzinsung, Tilgung

1. Rückzahlung

§ 25. (1) Die Zahlung des Aufwertungsbetrags kann der Gläubiger vor dem 1. Januar 1932 weder von dem Eigentümer des belasteten Grundstücks noch von dem persönlichen Schuldner verlangen. Vorschriften in Gesetzen, Satzungen oder Verträgen, die für besondere Fälle eine vorzeitige Fälligkeit der Schuld anordnen, bleiben unberührt. Bestimmungen, die eine vorzeitige Fälligkeit der Schuld für den Fall der Rangänderung der Hypothek vorsehen, finden auf Rangänderungen, die auf den Vorschriften dieses Gesetzes beruhen, keine Anwendung.

(2) Der Eigentümer und der Schuldner sind berechtigt, den Aufwertungsbetrag nebst den fälligen Zinsen drei Monate nach Kündigung schon vor dem 1. Januar 1932 zu zahlen.

§ 26. (1) Wenn es mit Rücksicht auf die wirtschaftliche Lage des Eigentümers oder des Schuldners zur Abwendung einer groben Unbilligkeit unabweisbar erscheint, kann die Aufwertungsstelle auf seinen Antrag anordnen, daß der Aufwertungsbetrag in Teilbeträgen, jedoch spätestens bis zum 1. Januar 1938, zu zahlen ist; die Aufwertungsstelle kann dabei bestimmen, daß schon vom 1. Januar 1930 ab Zahlungen zu leisten sind.

(2) Der Antrag ist nur bis zum 1. Januar 1927 zulässig. In den Fällen der §§ 203, 204, 206, 207 des Bürgerlichen Gesetzbuches kann der Antrag noch drei Monate nach Fortfall des Hindernisses gestellt werden.

(3) Werden dem Eigentümer oder dem Schuldner von der Aufwertungsstelle Teilzahlungen gestattet, so ist dies auf Antrag des Eigentümers oder des Gläubigers in das Grundbuch einzutragen.

§ 27. (1) Soweit die wirtschaftliche Lage des Gläubigers es dringend erfordert und der Eigentümer des belasteten Grundstücks oder der persönliche Schuldner hierdurch keine erhebliche Erschwerung seiner wirtschaftlichen Lage erleidet, kann die Aufwertungsstelle auf Antrag des Gläubigers anordnen, daß der Eigentümer oder der Schuldner frühestens vom 1. Januar 1926 ab den Aufwertungsbetrag ganz oder teilweise abzüglich eines Betrags für Zwischenzinsen, den die Aufwertungsstelle festsetzt, vorzeitig zu leisten hat. Die Summe der angeordneten vorzeitigen Zahlungen darf innerhalb eines Jahres höchstens 10 vom Hundert des Aufwertungsbetrags erreichen und 1000 Reichsmark nicht übersteigen. Zwischen der Bekanntmachung der Entscheidung der Aufwertungsstelle und dem ersten Zahlungstage müssen mindestens drei Monate liegen.

(2) Der Antrag ist nur bis zum 1. April 1926 zulässig. In den Fällen der §§ 203, 204, 206, 207 des Bürgerlichen Gesetzbuches kann der Antrag noch drei Monate nach Fortfall des Hindernisses gestellt werden. Der Antrag kann nicht gestellt werden, wenn der Ertrag des belasteten Grundstücks durch eine Zwangswirtschaft zum Nachteil des Verpflichteten beschränkt worden ist.

(3) Diese Vorschriften finden keine Anwendung auf Forderungen, die der Gläubiger erst nach dem 13. Februar 1924 erworben hat; es sei denn, daß es sich um einen Rechtserwerb der im § 3 Abs. 1 Ziffer 2 bis 11 bezeichneten Art handelt.

2. Verzinsung und Tilgung

§ 28. (1) Der Aufwertungsbetrag ist bis zum 1. Januar 1925 unverzinslich. Rückständige Zinsen gelten als erlassen. Vom 1. Januar 1925 ab beträgt der Zinssatz 1,2 vom Hundert, vom 1. Juli 1925 ab 2½ vom Hundert, vom 1. Januar 1926 ab 3 vom Hundert und vom 1. Januar 1928 ab 5 vom Hundert. Insoweit dem Eigentümer des belasteten Grundstücks oder dem persönlichen Schuldner über den 1. Januar 1932 hinaus Stundung bewilligt ist, erhöht sich der Zinssatz um einen Betrag, den die Reichsregierung unter Berücksichtigung der allgemeinen Wirtschaftslage bestimmt.

(2) Wird die Hypothek infolge Aufwertung kraft Rückwirkung wieder eingetragen, so beginnt die Verzinsung erst mit dem Beginne des auf die Wiedereintragung folgenden Kalendervierteljahrs.

§ 29. Die Verpflichtung zur Leistung von Tilgungsbeträgen ruht bis zum 1. Januar 1926. Auf Antrag des Gläubigers kann die Aufwertungsstelle, falls nicht die wirtschaftliche Lage des Eigentümers des belasteten Grundstücks oder des persönlichen Schuldners es untunlich erscheinen lassen, bestimmen, daß ein höherer als der vereinbarte Tilgungssatz zu leisten ist. Ist der Ertrag des belasteten Grundstücks durch eine Zwangswirtschaft zum Nachteil des Verpflichteten beschränkt worden, so ist der Antrag erst nach Ablauf eines Jahres seit Beendigung der Zwangswirtschaft zulässig.

§ 30. (1) Reicht der Ertrag eines der Zwangswirtschaft unterliegenden Grundstücks zur Befriedigung des Anspruchs des Gläubigers auf Leistung der Zins- und Tilgungsbeträge nicht aus, weil Miets- oder Pachtzinszahlungen ausgeblieben sind, und kann in Anbetracht der Vorschriften über die Zwangswirtschaft durch eine anderweitige Vermietung oder Verpachtung der Ausfall nicht rechtzeitig gedeckt werden, so kann auf Antrag des Eigentümers die Zwangsversteigerung durch das Gericht für die Dauer von längstens sechs Monaten eingestellt werden, sofern dies zur Abwendung einer unbilligen Härte erforderlich erscheint. Die Parteien haben die tatsächlichen Behauptungen glaubhaft zu machen.

(2) Die Einstellung ist auch vor der Anordnung der Versteigerung zulässig. Sie kann mehrfach erfolgen.

(3) Erfolgt die Einstellung des Verfahrens nach der Anordnung der Versteigerung, so ist der Beschluß allen Beteiligten (§ 9 des Gesetzes über die Zwangsversteigerung und die Zwangsverwaltung) zuzustellen.

(4) Wird die Zwangsversteigerung eingestellt, so beginnt die im § 31 Abs. 2 des Gesetzes über die Zwangsversteigerung und die Zwangsverwaltung vorgesehene Frist erst mit dem Ablauf der Frist, für deren Dauer die Einstellung angeordnet ist.

Dritter Abschnitt.

Aufwertung von Grundschulden, Rentenschulden und Reallasten, Schiffs- und Bahnpfandrechten

I. Grundschulden, Rentenschulden und Reallasten

§ 31. (1) Auf Grundschulden finden die Vorschriften der §§ 4 bis 8 und der §§ 14 bis 30 entsprechende Anwendung. Dasselbe gilt hinsichtlich der §§ 4 bis 8 und der §§ 14 bis 24 für Rentenschulden und Reallasten; für Reallasten jedoch mit der Maßgabe, daß die Eintragung der Aufwertung (§ 6) nicht verlangt werden kann, wenn die Eintragung der Reallast unterblieben war.

(2) Wiederkehrende Leistungen, die auf Grund einer Rentenschuld oder einer Reallast geschuldet werden, sind im Jahre 1925 mit 40 vom Hundert, vom 1. Januar 1926 ab mit 60 vom Hundert und vom 1. Januar 1928 ab in voller Höhe des Aufwertungsbetrags der Jahresleistung zu bewirken. Rückständige Leistungen gelten als erlassen.

II. Schiffs- und Bahnpfandrechte

§ 32. Auf Pfandrechte an im Schiffsregister eingetragenen Schiffen und an Bahneinheiten sowie auf die durch Schiffspfandrecht oder Bahnpfandrecht gesicherten Forderungen finden die Vorschriften der §§ 4 bis 6 und der §§ 8 bis 30 entsprechende Anwendung.

Neunter Abschnitt.

Aufwertung anderer Ansprüche

I. Allgemeine Bestimmung

§ 62. Die Aufwertung anderer als der in den §§ 4 bis 61 bezeichneten Ansprüche richtet sich nach den allgemeinen Vorschriften, soweit sich nicht aus den Vorschriften der §§ 63 bis 66 ein anderes ergibt.

II Aufwertung von Vermögensanlagen

§ 63. (1) Die Aufwertung von Vermögensanlagen darf 25 vom Hundert des Goldmarkbetrags (§ 2, 3) nicht übersteigen. Die Vorschriften der §§ 14, 15, 17 bis 19 über den Vorbehalt der Rechte und die Rückwirkung finden entsprechende Anwendung.

(2) Als Vermögensanlagen im Sinne des Abs. 1 gelten nicht:

1. Ansprüche aus Gesellschaftsverträgen und anderen Beteiligungsverhältnissen;
2. Ansprüche aus Gutsüberlassungsverträgen sowie Ansprüche, die auf den Beziehungen aus der Auseinandersetzung unter Miterben, unter Ehegatten, unter geschiedenen Ehegatten, unter Eltern und Kindern oder zwischen Erben und Pflichtteilberechtigten oder Vermächtnisnehmern beruhen;
3. Ansprüche, die auf den Beziehungen zwischen unterhaltsberechtigten und unterhaltsverpflichteten Personen beruhen;
4. Ansprüche auf wiederkehrende Leistungen, die bei Abfindungen, Auseinandersetzungen, Überlassungen oder ähnlichen Rechtsvorgängen begründet sind;
5. Ansprüche auf Entrichtung eines Erbbauzinses;
6. Guthaben bei Fabrik- oder Werksparkassen sowie Ansprüche an Betriebs-Pensionskassen (§ 64). Die Vorschrift, daß die Guthaben und Ansprüche kraft Gesetzes nicht Vermögensanlage sind, gilt nicht, soweit die Mittel der Kasse aus freiwilligen Zuwendungen des Arbeitgebers herrühren; sie gilt auch nicht, sofern das Vermögen der Kasse gesondert vom Betriebsvermögen des Arbeitgebers zu verwalten und anzulegen war und verwaltet und angelegt worden ist.

(3) Als Vermögensanlagen im Sinne des Abs. 1 gelten ferner nicht Ansprüche aus gegenseitigen Verträgen. Soweit zum Zwecke der Versorgung von Arbeitern oder Angestellten eine Versicherung abgeschlossen ist, bleiben etwa daneben bestehende Versorgungsansprüche aus dem Anstellungsverhältnis unberührt. Ist der Arbeiter oder Angestellte bei seinem Arbeitgeber versichert, so wird das Vorliegen eines solchen Versorgungsanspruchs aus dem Dienstvertrage vermutet.

(4) In den Fällen des Abs. 1 sowie des Abs. 2 Ziffer 1 bis 4 kann das Gericht über die Fälligkeit und die Verzinsung nach billigem Ermessen entscheiden. Über das aus §§ 25, 26, 28 ersichtliche Maß hinaus darf jedoch ohne Zustimmung des Gläubigers Stundung oder Zinsermäßigung nicht gewährt werden.

(5) Die Länder werden ermächtigt, im Wege der Gesetzgebung Vorschriften über die Aufwertung von Erbpachtzinsen (Kanon), Grundmieten, Erbleihen und ähnlichen Ansprüchen zu erlassen.

III. Aufwertung von Guthaben bei Fabrik- und Werksparkassen sowie von Ansprüchen an Betriebs-Pensionskassen

§ 64. Über die Höhe der Aufwertung der Guthaben bei Fabrik- und Werksparkassen sowie der Ansprüche an Betriebs-Pensionskassen entscheidet im Streitfall die Aufwertungsstelle. Die Reichsregierung wird ermächtigt, nähere Bestimmungen über die Abgrenzung des Begriffs der Fabrik- und Werksparkasse und der Betriebs-Pensionskasse, der freiwilligen Zuwendungen und der gesonderten Verwaltung und Anlegung über den Ausgleich der Guthaben durch geleistete Zahlungen sowie über Zeit und Art der Auszahlung der Guthaben, ferner über die Zusammensetzung und das Verfahren der Aufwertungsstelle zu treffen.

IV. Aufwertung von Kontokorrentforderungen und Bankguthaben

1. Aufwertung von Kontokorrentforderungen

§ 65. Ansprüche aus einem Kontokorrent oder einer anderen laufenden Rechnung, einschließlich der Ansprüche aus dem Postscheckverkehr, werden ohne Rücksicht darauf, ob sie durch Hypothek gesichert sind, unbeschadet anderweitiger Vereinbarungen nicht aufgewertet, es sei denn, daß es sich um eine Einlage des Arbeitnehmers bei seinem Arbeitgeber oder um Ansprüche der im § 63 Abs. 2 bezeichneten Art handelt.

2. Aufwertung von Bankguthaben

§ 66. (1) Ansprüche aus einem Darlehen oder einem Verwahrungsvertrage der im § 700 des Bürgerlichen Gesetzbuchs bezeichneten Art werden ohne Rücksicht darauf, ob sie durch Hypothek gesichert sind, unbeschadet anderweitiger Vereinbarungen, nicht aufgewertet, wenn sie sich gegen ein Unternehmen richten, dessen Geschäftsbetrieb der Anschaffung und Darleihung von Geld dient und nicht der Schuldner das Geld vereinbarungsgemäß in wertbeständigen oder aufgewerteten Vermögensgegenständen anzulegen hat.

(2) Die Vorschrift des Abs. 1 gilt nicht, wenn es sich um eine Einlage des Arbeitnehmers bei seinem Arbeitgeber oder um Ansprüche der im § 63 Abs. 2 bezeichneten Art handelt.

(3) Darlehnsansprüche der im Abs. 1 bezeichneten Art sind wie Vermögensanlagen aufzuwerten, wenn sie aus einer ehemaligen Geschäftsbeteiligung entstanden sind und als solche mehr als fünf Jahre bestanden haben.

Zehnter Abschnitt.

Vergleiche und andere Vereinbarungen über die Aufwertung — Gerichtliche Entscheidungen

I. Vergleiche und andere Vereinbarungen

§ 67. (1) Vergleiche über Ansprüche der in den §§ 4 bis 61 und im § 63 Abs. 1 bezeichneten Art, die den Zweck hatten, den Streit oder die Ungewißheit über die Höhe des infolge der Geldentwertung zu zahlenden Betrags zu beseitigen, bleiben mit der aus Abs. 2 sich ergebenden Ausnahme unberührt. Soweit der vereinbarte Aufwertungsbetrag 25 vom Hundert des Goldmarkbetrags übersteigt, gilt die Vereinbarung als Begründung eines neuen Schuldverhältnisses. Betrifft der Vergleich eine Hypothek, Grundschuld, Rentenschuld oder Reallast oder ein Schiffs- oder Bahnpfandrecht, so findet die Vorschrift des § 6 bis zur Höhe von 25 vom Hundert des Goldmarkbetrags Anwendung.

(2) Der Aufwertung nach den Vorschriften dieses Gesetzes steht ein Vergleich nicht entgegen, wenn er in der Zeit vom 15. Juni 1922 bis zum 14. Februar 1924 geschlossen ist. Dies gilt nicht, wenn der Gläubiger Kaufmann war und den Vergleich im Betriebe seines Handelsgewerbes geschlossen hat; soweit die Aufwertung zugunsten einer Teilungsmasse (Aufwertungsstock) erfolgt (§§ 48, 51 Abs. 3, §§ 56, 60), bewendet es bei der Vorschrift des Satzes 1.

(3) Vereinbarungen über die Aufwertung können auch in Zukunft getroffen werden. Die Vorschriften des Abs. 1 Satz 2, 3 finden Anwendung.

II. Gerichtliche Entscheidungen

§ 68. (1) Ist die Aufwertung von Ansprüchen der in den §§ 4 bis 61 und im § 63 Abs. 1 bezeichneten Art durch eine rechtskräftige gerichtliche Entscheidung geregelt, so behält es dabei mit den aus Abs. 2 sich ergebenden Maßnahmen sein Bewenden.

(2) Der Anwendung der §§ 15 bis 24 über die Aufwertung kraft Rückwirkung steht eine rechtskräftige gerichtliche Entscheidung nicht entgegen.

Elfter Abschnitt.

Aufwertungsverfahren

I. Zuständigkeit der Aufwertungsstelle

1. Gesetzliche Zuständigkeit

§ 69. Besteht Streit darüber, in welcher Höhe Ansprüche der in den §§ 4 bis 54 bezeichneten Art aufgewertet sind, so entscheidet hierüber ausschließlich die Aufwertungsstelle. Dies gilt auch für den Fall, daß die Höhe der Aufwertung der durch Hypothek gesicherten Forderung sich nach allgemeinen Vorschriften bestimmt (§ 10).

§ 70. Die Aufwertungsstelle ist, soweit es sich um Ansprüche der in den §§ 4 bis 54 und im § 64 bezeichneten Art handelt, weiter zuständig:

1. für die Ermittlung des Wehrbeitragswerts im Falle des § 7 Abs. 2;
2. für die Entscheidung über die Härtevorschriften der §§ 8, 15, 16, 34, 52;
3. für die Aufteilung einer Gesamthypothek im Falle des § 23;
4. für die Anordnung einer Teil- oder Vorleistung im Falle der §§ 26, 27;
5. für die Entscheidung über die Höhe der Aufwertung der Guthaben bei Fabrik- und Werksparkassen und der Ansprüche an Betriebs-Pensionskassen gemäß § 64.

2. Vereinbarte Zuständigkeit

§ 71. Die Zuständigkeit der Aufwertungsstelle kann für die Entscheidung der Frage, ob ein nach den Vorschriften dieses Gesetzes aufgewerteter Anspruch besteht, sowie auch für andere mit der Aufwertung zusammenhängende Ansprüche vereinbart werden, auf die sich die Vorschriften der §§ 1 bis 54 und des § 64 nicht erstrecken.

II. Einrichtung der Aufwertungsstelle

§ 72. Die Aufwertungsstelle wird von der Reichsregierung nach Anhörung des Reichsrats bestimmt. Die Reichsregierung kann mit Zustimmung des Reichsrats die obersten Landesbehörden zur Bezeichnung von Aufwertungsstellen ermächtigen.

III. Verfahren vor der Aufwertungsstelle

1. Allgemeine Vorschriften

§ 73. (1) Soweit nicht in diesem Abschnitt oder auf Grund des § 64 etwas anderes bestimmt ist, finden auf das Verfahren die Vorschriften des Reichsgesetzes über die Angelegenheiten der freiwilligen Gerichtsbarkeit sinngemäß Anwendung; die Reichsregierung kann mit Zustimmung des Reichsrats die Bestimmungen treffen, die sie zum Zwecke der Anpassung an die besonderen Bedürfnisse des Aufwertungsverfahrens für nötig erachtet.

(2) Die Aufwertungsstelle hat den Versuch einer gütlichen Einigung zu machen, sofern nicht die Erfolglosigkeit des Sühneverfahrens mit Bestimmtheit vorherzusehen ist.

2. Rechtsmittel

§ 74. (1) Gegen die Entscheidung der Aufwertungsstelle findet die sofortige Beschwerde statt. Über die sofortige Beschwerde entscheidet das Landgericht. Gegen die Entscheidung des Beschwerdegerichts ist die sofortige weitere Beschwerde an das Oberlandesgericht zulässig, wenn die Entscheidung auf einer Verletzung des Gesetzes beruht. Die Frage, ob im einzelnen Falle die Vorschriften der §§ 8 Abs. 1, 15, 34, 52 richtig angewendet sind, unterliegt nicht der Nachprüfung durch das Oberlandesgericht. Die Vorschriften des § 28 Abs. 2, 3 und des § 199 des Reichsgesetzes über die Angelegenheiten der freiwilligen Gerichtsbarkeit finden entsprechende Anwendung.

(2) Gegen die Entscheidung der Aufwertungsstelle kann unter Übergehung der Beschwerdeinstanz unmittelbar die sofortige weitere Beschwerde eingelegt werden, wenn der Gegner einwilligt. Die schriftliche Erklärung der Einwilligung ist bei der Einlegung der sofortigen weiteren Beschwerde einzureichen.

3. Rechtskraft und Vollstreckbarkeit

§ 75. Die rechtskräftige Entscheidung der Aufwertungsstelle ist für die Gerichte und Verwaltungsbehörden bindend. Aus der rechtskräftigen Entscheidung der Aufwertungsstelle über die Kosten sowie aus einem vor der Aufwertungsstelle abgeschlossenen Vergleich findet die Zwangsvollstreckung nach den Vorschriften der Zivilprozeßordnung statt; das gleiche gilt für rechtskräftige Entscheidungen, für die die Zuständigkeit der Aufwertungsstelle vereinbart ist.

4. Kosten

§ 76. (1) Die Aufwertungsstelle erhebt nach Maßgabe der Durchführungsbestimmungen eine Gebühr und verteilt die Kosten auf die Beteiligten nach billigem Ermessen.

(2) Die Reichsregierung wird ermächtigt, weitere Vorschriften über die in Aufwertungssachen erwachsenden Gebühren und Kosten zu erlassen.

IV. Aussetzung des Verfahrens vor dem Prozeßgericht

§ 77. In bürgerlichen Rechtsstreitigkeiten ist das Verfahren auf Antrag auszusetzen, soweit die Entscheidung von der Höhe der Aufwertung eines der in den §§ 4 bis 61, § 64 bezeichneten Ansprüche abhängt. Der Antrag auf Aussetzung kann vor dem Gerichtsschreiber zu Protokoll erklärt werden.

Zwölfter Abschnitt.

Schluß- und Übergangsbestimmungen

I. Leistungen aus der Zeit vor dem Inkrafttreten des Gesetzes

§ 78. Eine Aufwertung nach den Vorschriften dieses Gesetzes findet auch dann statt, wenn der Gläubiger nach dem 13. Februar 1924 eine Leistung angenommen hat. Dies gilt auch dann, wenn die Leistung auf Grund einer gerichtlichen Entscheidung bewirkt ist. Die Leistung ist in Höhe des Goldmarkbetrags (§§ 2, 3) auf den Aufwertungsbetrag anzurechnen. Die Vorschriften der §§ 16, 18 bis 24 finden entsprechende Anwendung.

§ 79. (1) Dem Verwalter eines fremden Vermögens fällt ein zum Schadenersatze verpflichtendes Verschulden nicht zur Last, wenn er im Vertrauen auf den Stand der Gesetzgebung oder der Rechtsprechung bei der Annahme von Leistungen oder den sonstigen Verfügungen über Ansprüche, die der Aufwertung nach den Vorschriften dieses Gesetzes unterliegen, mit einer Aufwertung nicht gerechnet hat.

(2) Die Vorschrift des Abs. 1 findet entsprechende Anwendung auf Personen, die bei der Erteilung von Rat oder Auskunft mit einer Aufwertung nicht gerechnet haben.

Verordnung über die Einrichtung und das Verfahren der Aufwertungsstellen.

Vom 21. Juli 1925.

(RGBl. I S. 154)

Auf Grund der §§ 72, 73, 88 des Aufwertungsgesetzes vom 16. Juli 1925 (Reichsgesetzbl. I S. 117) wird nach Zustimmung des Reichsrats verordnet:

§ 1. (1) Aufwertungsstelle ist das Amtsgericht.

(2) Die obersten Landesbehörden können bestimmen, daß an Stelle der Amtsgerichte andere Landesbehörden zuständig sind oder daß die Amtsgerichte einzelne Verrichtungen den Notaren übertragen können oder daß für mehrere Amtsgerichtsbezirke eine gemeinsame Aufwertungsstelle errichtet wird.

§ 2. (1) Zuständig ist, soweit es sich um die Aufwertung von Hypotheken, Schiffs- oder Bahnpfandrechten einschließlich der gesicherten persönlichen Forderungen, um Grundschulden, Rentenschulden oder Reallasten handelt (§§ 4 bis 32 des Aufwertungsgesetzes), das Amtsgericht, in dessen Bezirk das Grundbuch, Schiffsregister oder Bahngrundbuch geführt wird; im Falle einer Gesamtbelastung bleibt dasjenige Gericht, welches zuerst angegangen ist, auch für die Entscheidung über die Aufwertung hinsichtlich der mitbelasteten Grundstücke, Schiffe oder Bahneinheiten zuständig.

(2) In allen anderen Fällen ist das Amtsgericht zuständig, bei welchem der Schuldner seinen allgemeinen Gerichtsstand hat; dasselbe gilt für die Aufwertung der durch Hypothek, Schiffspfandrecht oder Bahnpfandrecht gesicherten persönlichen Forderung, wenn das Grundbuch, Schiffsregister oder Bahngrundbuch im Inland nicht geführt wird. Hat der Schuldner im Inland keinen allgemeinen Gerichtsstand, so ist das Gericht zuständig, in dessen Bezirk sich sein Vermögen ganz oder zum Teil befindet. Ist nach diesen Vorschriften für mehrere Schuldner ein gemeinschaftlicher Gerichtsstand nicht begründet, so wird das zuständige Amtsgericht durch das gemeinschaftliche obere Gericht und, falls dieses das Reichsgericht ist, durch dasjenige Oberlandesgericht bestimmt, zu dessen Bezirk das zuerst angegangene Gericht gehört.

§ 3. Die Aufwertungsstelle kann die Verbindung mehrerer bei ihr gegen denselben Schuldner anhängiger Aufwertungsverfahren zum Zwecke der gleichzeitigen Verhandlung und Entscheidung anordnen; die Aufwertungsstelle kann eine solche Anordnung wieder aufheben.

§ 4. Die Aufwertungsstelle kann von den Beteiligten die Glaubhaftmachung einer tatsächlichen Behauptung verlangen.

§ 5. Die Entscheidung der Aufwertungsstelle ist mit Gründen zu versehen.

§ 6. (1) Die sofortige Beschwerde kann bei der Aufwertungsstelle oder beim Landgericht eingelegt werden. Die Einlegung erfolgt durch Einreichung einer Beschwerdeschrift oder durch Erklärung zum Protokoll des Gerichtsschreibers des zuständigen Gerichts oder eines Amtsgerichts.

(2) Die sofortige weitere Beschwerde kann bei der Aufwertungsstelle, dem Landgericht oder dem Oberlandesgericht eingelegt werden. Die Einlegung erfolgt durch Einreichung einer Beschwerdeschrift oder durch Erklärung zum Protokoll des Gerichtsschreibers des zuständigen Gerichts oder eines Amtsgerichts. Die Beschwerdeschrift muß von einem Rechtsanwalt unterzeichnet sein. Der Zuziehung eines Rechtsanwalts bedarf es nicht, wenn die Beschwerde von einer Behörde oder von einem Notar eingelegt wird, der in der Angelegenheit für den Beschwerdeführer einen Antrag bei der Aufwertungsstelle gestellt hat.

(3) Wird die Beschwerde durch Erklärung zum Protokoll des Gerichtsschreibers eingelegt, so genügt es zur Wahrung der Beschwerdefrist, daß die Erklärung innerhalb der Frist erfolgt.

(4) Erfolgt die Einlegung der sofortigen Beschwerde oder der sofortigen weiteren Beschwerde durch Erklärung zum Protokoll des Gerichtsschreibers eines Amtsgerichts, so hat der Gerichtsschreiber dieses Gerichts innerhalb 24 Stunden dem Gerichtsschreiber der Aufwertungsstelle von der Einlegung Nachricht zu geben. Diese Vorschrift findet entsprechende Anwendung, sofern die sofortige weitere Beschwerde beim Oberlandesgericht unter Übergehung des Landgerichts eingelegt wird.

(5) Der Gerichtsschreiber der Aufwertungsstelle darf Zeugnisse über die Rechtskraft erst eine Woche nach Ablauf der Beschwerdefrist erteilen.

§ 7. (1) Die Gebühr im Aufwertungsverfahren ist nach dem Werte des Streitgegenstandes zu erheben. Der Wert des Streitgegenstandes wird von der Aufwertungsstelle unter Berücksichtigung der gestellten Anträge nach freiem Ermessen festgesetzt.

(2) Die näheren Bestimmungen über die Bemessung der Gebühr treffen die obersten Landesbehörden.

§ 8. (1) Die Aufwertungsstelle hat jedem, der ein berechtigtes Interesse darlegt, auf Antrag eine Bescheinigung darüber zu erteilen, ob bei ihr

> bis zum 1. Januar 1926 ein Anspruch auf Aufwertung auf Grund des Vorbehalts der Rechte, kraft Rückwirkung oder im Falle der Annahme der Leistung nach dem 13. Februar 1924 oder ein Anspruch auf Aufwertung zugunsten des früheren Gläubigers (§§ 16, 17, 78 des Aufwertungsgesetzes) angemeldet, oder bis zum 1. April 1926 ein Antrag auf Herabsetzung des Aufwertungsbetrags (§§ 8, 34, 52 des Aufwertungsgesetzes) oder auf eine von dem normalen Höchstsatz abweichende Aufwertung der durch Hypothek gesicherten persönlichen Forderung (§§ 12, 32 des Aufwertungsgesetzes)

eingegangen ist. Die Bescheinigung ist gebührenfrei.

(2) Die obersten Landesbehörden können bestimmen, daß die Bescheinigung auch ohne Darlegung eines berechtigten Interesses erteilt werden kann, und daß in diesem Falle eine Gebühr erhoben wird.

§ 9. (1) Die auf Grund der Dritten Steuernotverordnung und ihrer Durchführungsverordnungen bei einer Aufwertungsstelle oder in der Beschwerdeinstanz anhängigen Verfahren gelten als Verfahren, die auf Grund des Aufwertungsgesetzes und dieser Verordnung anhängig sind.

(2) Ist gegen eine Entscheidung, die auf Grund der bisherigen Vorschriften ergangen ist, Beschwerde noch nicht eingelegt, so gelten für die Einlegung der Beschwerde und den Rechtsmittelzug die Vorschriften des Aufwertungsgesetzes.

(3) Ist die Beschwerde bereits eingelegt, so gilt das Verfahren in der Beschwerdeinstanz als ein Verfahren auf Grund sofortiger weiterer Beschwerde. Einer Nachreichung der Einwilligung des Gegners gemäß § 74 Abs. 2 des Aufwertungsgesetzes bedarf es nicht. Auf Antrag eines Beteiligten hat das Beschwerdegericht die Sache an das Landesgericht zu verweisen. Das Verfahren gilt in diesem Falle als ein Verfahren auf Grund sofortiger Beschwerde. Das Beschwerdegericht kann den Beteiligten zur Stellung des Antrags eine Ausschlußfrist setzen.

(4) Die Vorschriften des § 83 des Aufwertungsgesetzes über die Aufhebung einer Anordnung der Aussetzung des Verfahrens bleiben unberührt.

§ 10. Soweit auf Grund der Vorschriften des Artikel I der Dritten Steuernotverordnung und der dazu erlassenen Durchführungsverordnungen Ansprüche angemeldet oder Anträge gestellt sind, für die es nach den entsprechenden Vorschriften des Aufwertungsgesetzes der Einhaltung bestimmter Fristen bedarf, gelten diese Fristen als gewahrt.

§ 11. (1) Der Nachweis des Erwerbstages und des Erwerbspreises bedarf für die Eintragung der Aufwertung im Grundbuch, Schiffsregister oder Bahngrundbuch nicht der im § 29 der Grundbuchordnung und der im § 107 Abs. 2 des Reichsgesetzes über die Angelegenheiten der freiwilligen Gerichtsbarkeit vorgeschriebenen Form.

(2) Die Kosten der Eintragung der Aufwertung trägt der Eigentümer.

(3) Soweit eine Aufwertung bereits abweichend von den Vorschriften des Aufwertungsgesetzes eingetragen ist, ist die Eintragung auf Antrag zu berichtigen; der Antrag bedarf keiner Form. Die Berichtigung erfolgt gebührenfrei.

§ 12. Diese Verordnung tritt mit Wirkung vom 15. Juli 1925 in Kraft.

Preußische Verordnung über das Kostenwesen bei den Aufwertungsstellen.

Vom 28. Juli 1925

(GS. S. 103)

Auf Grund des § 7 Abs. 2 der Verordnung über die Einrichtung und das Verfahren der Aufwertungsstellen vom 21. Juli 1925 (Reichsgesetzbl. I S. 154) wird folgendes verordnet:

§ 1. Für das Verfahren vor der Aufwertungsstelle werden Gebühren und Auslagen nach Maßgabe der folgenden Vorschriften berechnet.

§ 2. Für die Gebührenberechnung ist der Wert des Streitgegenstands maßgebend. Dieser Wert ist von der Aufwertungsstelle, im Beschwerdeverfahren von dem Beschwerdegericht, unter Berücksichtigung der gestellten Anträge nach freiem Ermessen festzusetzen.

§ 3. Schuldner der Gebühren und Auslagen ist derjenige, dem durch eine Entscheidung der Aufwertungsstelle oder des Beschwerdegerichts die Kosten des Verfahrens auferlegt worden sind (§ 76 Abs. 1 des Aufwertungsgesetzes vom 16. Juli 1925 — Reichsgesetzbl. I S. 117). In Ermangelung einer solchen Entscheidung kommen die Vorschriften der §§ 1, 2, 4 und 5 des Preußischen Gerichtskostengesetzes vom 28. Oktober 1922 (Gesetzsamml. 1922 S. 363, 1923 S. 107) entsprechend zur Anwendung.

§ 4. Soweit nicht in dieser Verordnung besondere Bestimmungen über die Fälligkeit getroffen sind, werden die Gebühren bei Beendigung des Verfahrens, die Auslagen bei ihrer Entstehung fällig. Im übrigen richtet sich die Berechnung und Einziehung der Kosten sowie das Erinnerungs- und Beschwerdeverfahren über den Kostenansatz nach den Vorschriften, welche für die nach dem Preußischen Gerichtskostengesetze zu erhebenden Gerichtskosten maßgebend sind. Der § 8 des Preußischen Gerichtskostengesetzes vom 28. Oktober 1922 (Gesetzsamml. 1922 S. 363, 1923 S. 107) ist entsprechend anwendbar.

§ 5. Volle Gebühr im Sinne dieser Verordnung ist die im § 32 des Preußischen Gerichtskostengesetzes vom 28. Oktober 1922 (Gesetzsamml. 1922 S. 363, 1923 S. 107) bestimmte Gebühr. Der Mindestbetrag einer Gebühr ist zwei Reichsmark.

§ 6. Für die Entgegennahme des Antrags auf Einleitung des Verfahrens gemäß §§ 69, 70 des Aufwertungsgesetzes werden von dem Antragsteller zwei

Zehnteile der vollen Gebühr erhoben. Die Gebühr ist bei Eingang des Antrags fällig; sie wird auf die für das Verfahren zu erhebende Gebühr (§ 7 Abs. 1) angeregten.

§ 7. (1) Für das Verfahren vor der Aufwertungsstelle einschließlich der Anordnung und Vornahme von Beweisverhandlungen und der Beurkundung eines Vergleichs werden fünf Zehnteile der vollen Gebühr erhoben.

(2) Wird eine das Verfahren abschließende Entscheidung der Aufwertungsstelle getroffen, so werden weitere fünf Zehnteile der vollen Gebür erhoben.

(3) Bei Einleitung des Verfahrens kann ein Vorschuß in Höhe von drei Zehnteilen der vollen Gebühr erhoben werden.

§ 8. (1) Für die Entscheidung einschließlich des vorangegangenen Verfahrens in der Beschwerdeinstanz (§ 74 des Aufwertungsgesetzes) werden fünf Zehnteile der vollen Gebühr erhoben.

(2) Wird die Beschwerde zurückgenommen, bevor eine Entscheidung ergangen ist, so werden zwei Zehnteile der vollen Gebühr erhoben.

§ 9. (1) Wird vom Beschwerdegericht eine Sache zur anderweiten Verhandlung an die Vorinstanz zurückverwiesen, so gilt die Fortsetzung des Verfahrens in dieser Instanz hinsichtlich der Gebührenerhebung nicht als ein neues Verfahren.

(2) Werden gemäß § 3 der Verordnung über die Einrichtung und das Verfahren der Aufwertungsstellen vom 21. Juli 1925 (Reichsgesetzbl. I S. 154) mehrere gegen denselben Schuldner anhängige Aufwertungsverfahren zum Zwecke der gleichzeitigen Verhandlung und Entscheidung verbunden, so sind die Gebühren während der Dauer der Verbindung von dem Gesamtwerte zu berechnen.

§ 10. (1) Für die Erhebung der Auslagen gelten die Vorschriften der §§ 109 bis 112 und 114 des Preußischen Gerichtskostengesetzes vom 28. Oktober 1922 (Gesetzsamml. 1922 S. 363, 1923 S. 107). Zur Deckung der baren Auslagen kann von dem Antragsteller ein angemessener Vorschuß erhoben werden.

(2) Eine Erhebung von Stempeln findet nicht statt. Urkunden, von denen im Verfahren Gebrauch gemacht wird, sind nur insoweit einem Stempel unterworfen, als sie es ohne diesen Gebrauch sein würden. Für die Behandlung dieser Stempel gilt der § 29 des Preußischen Gerichtskostengesetzes sinngemäß.

§ 11. Diese Verordnung tritt mit Wirkung vom 15. Juli 1925 in Kraft.

Preußische Verordnung zur Änderung des Gesetzes über das Beschwerdegericht für Entscheidungen der Aufwertungsstellen.

Vom 27. August 1925

(GS. S. 109)

Das Staatsministerium erläßt gemäß Artikel 55 der Verfassung in Übereinstimmung mit dem Ständigen Ausschusse des Landtags die folgende Verordnung mit Gesetzeskraft:

Artikel 1. Artikel 1 des Gesetzes über das Beschwerdegericht für Entscheidungen der Aufwertungsstellen vom 4. August 1924 (Gesetzsamml. S. 593) erhält die folgende Fassung:

Im Geltungsbereich des § 74 des Reichsgesetzes über die Aufwertung von Hypotheken und anderen Ansprüchen vom 16. Juli 1925 (Reichsgesetzbl. I S. 117) ist für die Entscheidung über das Rechtsmittel der sofortigen weiteren Beschwerde das Kammergericht zuständig.

Artikel 2. Diese Verordnung tritt mit Wirkung vom 15. Juli 1925 in Kraft.

Verordnung zur Änderung des Preußischen Gerichtskostengesetzes.

Vom 31. August 1925

(GS. S. 111)

Das Staatsministerium erläßt gemäß Artikel 55 der Verfassung in Übereinstimmung mit dem Ständigen Ausschusse des Landtags die folgende Verordnung mit Gesetzeskraft:

Artikel 1. Das Preußische Gerichtskostengesetz vom 28. Oktober 1922 (Gesetzsamml. 1922 S. 363, 1923 S. 107) wird wie folgt geändert:

Im § 7 Abs. 1 wird als Nr. 7 folgende neue Vorschrift eingestellt:

7. Eintragungen im Grundbuche, wenn sie betreffen:
   a) die Eintragung des gesetzlichen Aufwertungsbetrags von Hypotheken, Grundschulden, Rentenschulden und Reallasten;
   b) die Wiedereintragung gelöschter Hypotheken, Grundschulden, Rentenschulden und Reallasten in Höhe des gesetzlichen Aufwertungsbetrags;
   c) die Eintragung der Befugnis des Eigentümers, an der vorbehaltenen Stelle eine Hypothek oder Grundschuld eintragen zu lassen, und die Eintragung des Verzichts auf diese Befugnis (§ 7 Abs. 3 und 5 des Aufwertungsgesetzes vom 16. Juli 1925 — Reichsgesetzbl. I S. 117 —).

Das gleiche gilt für die entsprechenden Eintragungen im Bahngrundbuch und im Schiffsregister.

Artikel 2. Diese Verordnung tritt mit Wirkung vom 15. Juli 1925 in Kraft.

Verordnung des Reichs-Justizministers über die Eintragung der Aufwertungsbeträge von Hypotheken und anderen dinglichen Rechten.

Vom 9. Oktober 1925

(RGBl. S. 385)

Auf Grund des § 88 Abs. 2 des Aufwertungsgesetzes vom 16. Juli 1925 (Reichsgesetzbl. I S. 117) wird hiermit verordnet:

§ 1. Die Höhe der Geldsumme, die auf Grund eines nach den §§ 4 bis 32 des Aufwertungsgesetzes aufgewerteten Rechtes zu zahlen ist, wird in der Weise bestimmt, daß eine Goldmark des Aufwertungsbetrags dem jeweiligen Preise von $^1/_{2790}$ Kg. Feingold gleichgesetzt wird. Maßgebend ist der für den Tag der Fälligkeit amtlich festgestellte Preis; § 2 der Verordnung zur Durchführung des Gesetzes über wertbeständige Hypotheken vom 29. Juni 1923 (Reichsgesetzbl. I S. 482) findet Anwendung.

§ 2. Bei der Eintragung der Aufwertung im Grundbuch, Schiffsregister oder Bahngrundbuch ist der Aufwertungsbetrag in Goldmark einzutragen; eine Goldmark ist die Bezeichnung für den amtlich festgestellten Preis von $^1/_{2790}$ Kg. Feingold.

§ 3. Soweit eine Aufwertung bereits abweichend von den Vorschriften der §§ 1 und 2 eingetragen ist, ist die Eintragung von Amts wegen zu berichtigen; die Berichtigung erfolgt gebührenfrei.

Anlage

zum Gesetz betr. Wertumrechnung der Nennbeträge bzw. Erwerbspreise gemäß § 2

Zeit	Wert von Papiermark	in GM
1918		
Januar—Juni . .	10	8,00
Juli	10	7,14
August	10	6,90
September-Oktober	10	6,45
November	10	5,71
Dezember	10	5,00
1919		
Januar	10	5,13
Februar	10	4,65
März	10	4,00
April	10	3,41
Mai	10	3,32
Juni	10	3,11
Juli	10	2,86
August	10	2,29
September	10	1,88
Oktober	10	1,66
November	10	1,26
Dezember	10	1,04
1920		
Januar 1.—10.	100	9,67
11.—20.	100	7,75
21.—31.	100	5,76
Februar 1.—10.	100	4,90
11.—20.	100	5,06
21.—29	100	4,86
März 1.—10.	100	4,87
11.—20.	100	6,12
21.—31.	100	5,79
April 1.—10.	100	7,00
11.—20.	100	6,99
21.—30.	100	7,10
Mai 1.—10.	100	7,86
11.—20.	100	8,79
21.—31.	100	11,01
Juni 1.—10.	100	10,32
11.—20.	100	10,64
21.—30.	100	11,19
Juli 1.—10.	100	11,10
11.—20.	100	10,91
21.—31.	100	10,05
August 1.—10.	100	9,23
11.—20.	100	8,83
21.—31.	100	8,40
September 1.—10.	100	8,24
11.—20.	100	6,80
21.—30.	100	6,80
Oktober 1.—10.	100	6,87
11.—20.	100	6,39
21.—31.	100	6,22
November 1—10	100	5,57
11—20.	100	5,83
21.—30.	100	6,65
Dezember 1.—10.	100	6,38
11.—20.	100	6,27
21.—31.	100	6,20
1921		
Januar 1.—10.	100	6,05
11.—20.	100	6,62
21.—31.	100	7,41
Februar 1.—10.	100	6 90
11.—20.	100	7,26
21.—28.	100	7,01
März 1.—10.	100	7,01
11.—20.	100	7,09
21.—31.	100	7,12
April 1.—10.	100	7,24
11.—20.	100	7,15
21.—30.	100	6,77
Mai 1.—10.	100	6,77
11.—20.	100	7,42
21.—31.	100	7,32
Juni 1.—10.	100	6,88
11.—20.	100	6,61
21—30.	100	6,39
Juli 1.—10.	100	6,34
11.—20.	100	6,25
21.—31.	100	5,88
August 1.—10.	100	5,32
11.—20.	100	4,96
21.—31.	100	5,01
September 1.—10.	100	4,82
11.—20.	100	4,31
21.—30.	100	4,07
Oktober 1.—10.	100	3,88
11.—20.	100	3,23
21.—31.	100	2,98
November 1.—10.	100	2,24
11.—20.	100	2,06
21.—30.	100	1,92

Zeit		Wert von Papiermark	Wert in *GM*
Dezember	1.—10.	100	2,37
	11.—20.	100	2,56
	21.—31.	100	2,55
1922			
Januar	1.—10.	100	2,52
	11.—20.	100	2,50
	21.—31.	100	2,28
Februar	1.—10	100	2,30
	11 —20.	100	2,24
	21.—28.	100	2,08
März	1.—10.	100	1,86
	11.—20.	100	1,70
	21 —31.	100	1,43
April	1.—10.	100	1,43
	11.—20.	100	1,50
	21.—30.	100	1,59
Mai	1.—10	100	1,50
	11.—20.	100	1,49
	21.—31.	100	1,51
Juni	1.—10.	100	1,52
	11.—20.	100	1,37
	21.—30.	100	1,26
Juli	1.—10.	1 000	9,50
	11.—20.	1 000	9,70
	21 —31.	1 000	8 46
August	1.—10.	1 000	6,06
	11.—20.	1 000	4,88
	21.—31.	1 000	3,16
September	1.—10.	1 000	3 33
	11.—20.	1 000	3,09
	21 —30.	1 000	3,05
Oktober	1.—10.	1 000	2,13
	11.—20.	1 000	1 65
	21.—31.	1 000	1,11
November	1.—10.	10 000	7,60
	11.—20.	10 000	6,79
	21.—30.	10 000	6,62
Dezember	1.—10.	10 000	5,80
	11.—20.	10 000	6,18
	21.—31.	10 000	6,34
1923			
Januar	1.—10.	10 000	4,94
	11.—20.	10 000	3,22
	21.—31.	10 000	1,87
Februar	1.—10.	10 000	1,35
	11.—20.	10 000	1,87
	21.—28.	10 000	1,86
März	1.—10.	10 000	1,05
	11.—20	10 000	2,06
	21.—31.	10 000	2,04
April	1.—10.	10 000	2,02
April	11.—20.	10 000	1,92
	21.—30.	10 000	1,57
Mai	1.—10.	10 000	1,29
	11.—20.	10 000	1,09
	21.—31.	100 000	8,40
Juni	1. . . .	100 000	6,47
	2. . . .	100 000	6,82
	4. . . .	100 000	6,83
	5. . . .	100 000	6,71
	6. . . .	100 000	6,30
	7. . . .	100 000	6,17
	8. . . .	100 000	6,18
	9. . . .	100 000	6,09
	11. . . .	100 000	5,79
	12. . . .	100 000	5,29
	13. . . .	100 000	4,94
	14. . . .	100 000	4,73
	15. . . .	100 000	4,26
	16. . . .	100 000	3,86
	18. . . .	100 000	3,66
	19. . . .	100 000	3,80
	20. . . .	100 000	3,79
	21. . . .	100 000	3,82
	22. . . .	100 000	3,89
	23. . . .	100 000	3,94
	25. . . .	100 000	3,58
	26. . . .	100 000	3,26
	27. . . .	100 000	3,03
	28. . . .	100 000	3,00
	29. . . .	100 000	2,92
	30. . . .	100 000	2,87
Juli	2. . .	100 000	2,73
	3. . . .	100 000	2,68
	4. . . .	100 000	2,54
	5. . . .	100 000	2,43
	6. . . .	100 000	2,37
	7. . . .	100 000	2,32
	9. . . .	100 000	2,28
	10. . . .	100 000	2,25
	11. . . .	100 000	2,25
	12. . . .	100 000	2,21
	13. . .	100 000	2,10
	16. . . .	100 000	1,99
	17. . . .	100 000	1,75
	19. . . .	100 000	1,52
	20. . . .	100 000	1,33
	23. . . .	1 Million	9,83
	24. . . .	1 „	8,39
	26. . . .	1 „	6,01
	27. . . .	1 „	5,16
	30. . . .	1 „	4,49
	31. . . .	1 „	4,37

Zeit	Wert von ...... Papiermark	Wert in *GM*
August 1. . . .	1 Million	3,98
3. . . .	1 „	2,63
6. . . .	1 „	1,68
7. . . .	1 „	1,32
8. . . .	1 „	1,18
9. . . .	1 „	1,20
10. . . .	1 „	1,33
13. . . .	1 „	1,42
14. . . .	1 „	1,50
15. . . .	1 „	1,47
16. . . .	1 „	1,25
17. . . .	10 „	9,81
20. . . .	10 „	8,44
21. . . .	10 „	7,98
22. . . .	10 „	8,51
23. . . .	10 „	8,46
24. . . .	10 „	7,90
27. . . .	10 „	6,86
28 . . .	10 „	5,45
29. . . .	10 „	4,86
30. . . .	10 „	4,67
31. . . .	10 „	4,53
September 3. . . .	10 „	3,62
4. . . .	10 „	2,42
5. . . .	10 „	1,51
6. . . .	10 „	1,17
7. . . .	100 „	9,43
10. . . .	100 „	7,52
11. . . .	100 „	6,29
12. . . .	100 „	5,52
13. . . .	100 „	4,70
14. . . .	100 „	3,84
17. . . .	100 „	2,97
18. . . .	100 „	2,59
19. . . .	100 „	2,73
20. . . .	100 „	2,87
21. . . .	100 „	3,33
24. . . .	100 „	3,20
25. . . .	100 „	3,23
26. . . .	100 „	2,94
27. . . .	100 „	2,31
28. . . .	100 „	1,78
Oktober 1. . . .	100 „	1,35
2. . . .	100 „	1,07
3. . . .	1 Milliarde	9,21
4. . . .	1 „	7,71
Oktober 5. . . .	1 Milliard.	6,10
8. . . .	1 „	3,38
9. . . .	1 „	1,93
10. . . .	1 „	1,41
11. . .	1 „	1,27
12. . . .	1 „	1,31
15. . . .	1 „	1,12
16. . . .	10 „	8,06
17. . . .	10 „	5,44
18. . . .	10 „	2,26
19. . . .	10 „	1,23
22. . . .	100 „	8,18
23. . . .	100 „	7,02
24. . . .	100 „	6,65
25. . . .	100 „	6,65
26. . . .	100 „	6,72
27. . . .	100 „	6,79
29. . . .	100 „	6,60
30. . . .	100 „	5,05
31. . . .	100 „	2,57
November 1. . . .	100 „	1,53
2. . . .	100 „	1,14
3. . . .	100 „	1,04
5. . . .	1 Billion	8,85
6. . . .	1 „	7,69
7. . . .	1 „	6,97
8. . . .	1 „	7,12
9. . . .	1 „	7,28
10. . . .	1 „	6,70
12. . . .	1 „	5,27
13. . . .	1 „	3,19
14. . . .	1 „	2,19
15. . . .	1 „	1,72
16. . . .	1 „	1,67
17. . . .	1 „	1,36
19. . . .	1 „	1,15
20. . . .	1 „	1,00
21. . . .	1 „	1,00
22. . . .	1 „	1,00
23. . . .	1 „	1,00
24. . . .	1 „	1,00
26. . . .	1 „	1,00
27. . . .	1 „	1,00
28. . . .	1 „	1,00
29. . . .	1 „	1,00
30. und folgende Tage	1 „	1,00

FSC
www.fsc.org
MIX
Papier | Fördert gute Waldnutzung
FSC® C083411

Kolibri 360 GmbH
Ferdinand-Jühlke-Straße 7
99095 Erfurt, Deutschland
produktsicherheit@kolibri360.de